Molière

Scapins Streiche

Komödie in drei Aufzügen

Aus dem Französischen übertragen von
Arthur Luther

Philipp Reclam jun. Stuttgart

Originaltitel:
Les Fourberies de Scapin

RECLAMS UNIVERSAL-BIBLIOTHEK Nr. 8544

Gesamtherstellung: Reclam, Ditzingen. Printed in Germany 2006
RECLAM, UNIVERSAL-BIBLIOTHEK und
RECLAMS UNIVERSAL-BIBLIOTHEK sind eingetragene Marken der Philipp Reclam jun. GmbH & Co., Stuttgart
ISBN-13: 978-3-15-008544-8
ISBN-10: 3-15-008544-6

www.reclam.de

PERSONEN

A r g a n t e
O c t a v e , *sein Sohn, verliebt in Hyacinte*
G e r o n t e
L e a n d e r , *sein Sohn, verliebt in Zerbinette*
Z e r b i n e t t e
H y a c i n t e
S c a p i n , *Leanders Diener*
S y l v e s t e r , *Octaves Diener*
N e r i n e , *Amme der Hyacinte*
C a r l e , *ein Abenteurer*

Schauplatz: Neapel, freier Platz oder Straße

Uraufführung:
24. Mai 1671 im Théâtre du Palais-Royal

ERSTER AUFZUG

ERSTER AUFTRITT

Octave. Sylvester.

Octave. Oh, das sind schlimme Neuigkeiten für ein liebendes Herz. Ich bin in eine verzweifelte Lage geraten. Sylvester, du willst im Hafen gehört haben, daß mein Vater zurückkommt?

Sylvester. Ja.

Octave. Daß er noch heute früh eintrifft?

Sylvester. Ganz recht, heute früh.

Octave. Und daß er mit der Absicht kommt, mich zu verheiraten?

Sylvester. Ja.

Octave. Mit einer Tochter des Herrn Geronte?

Sylvester. Ganz recht, des Herrn Geronte.

Octave. Und daß diese Tochter deswegen aus Tarent hierhergeschickt worden ist?

Sylvester. Ja.

Octave. Und das alles hast du von meinem Onkel?

Sylvester. Ganz recht, von Ihrem Herrn Onkel.

Octave. Dem es mein Vater in einem Brief mitgeteilt hat?

Sylvester. Ganz recht, in einem Brief.

Octave. Und dieser Onkel, sagst du, weiß über unsere ganze Sache Bescheid?

Sylvester. Ganz recht, über unsere ganze Sache.

Octave. So rede doch endlich vernünftig, statt mir nur immer die Worte aus dem Munde zu nehmen.

Sylvester. Was soll ich denn noch sagen? Sie vergessen ja nicht den geringsten Umstand und stellen die Dinge genauso dar, wie sie liegen.

Octave. So gib mir wenigstens einen Rat, sag mir, was ich in dieser abscheulichen Situation machen soll.

Sylvester. Großer Gott, ich bin genauso schlimm dran wie Sie und wünschte auch, mir gäbe jemand einen guten Rat.

Octave. Diese verfluchte Heimkehr bringt mich um.

Sylvester. Mich ebenso.

Octave. Wenn mein Vater alles erfährt, geht ein wüstes Donnerwetter der grimmigsten Vorwürfe auf mich nieder.

Sylvester. Die Vorwürfe sind nicht das Schlimmste. Gebe Gott, daß ich damit wegkomme. Es sieht aber ganz so aus, als sollte ich Ihre Tollheiten teuer bezahlen. Ich sehe, wie sich eine dicke Wolke von Prügeln zusammenballt, die auf meine Schultern niedergehen müssen.

Octave. Hilf Himmel! Wie kommen wir aus der Klemme?

Sylvester. Daran hätten Sie früher denken sollen, ehe Sie sich hineinstürzten.

Octave. Du bringst mich um mit deinen unzeitgemäßen Predigten.

Sylvester. Und Sie mich erst recht mit Ihren leichtsinnigen Taten.

Octave. Was tun? Wozu mich entschließen? Wo Hilfe suchen?

ZWEITER AUFTRITT

Die Vorigen. Scapin.

Scapin. Was ist denn los, Herr Octave? Was ist mit Ihnen? Wo fehlt's? Was stimmt da nicht? Sie sind ja ganz aus dem Häuschen.

Octave. Ach, mein guter Scapin, ich bin verloren. Ich bin in Verzweiflung. Ich bin der unglücklichste Mensch auf der Welt.

Scapin. Wieso?

Octave. Hast du nicht gehört, was mir bevorsteht?

Scapin. Nein.

Octave. Mein Vater kommt mit Herrn Geronte, und sie wollen mich verheiraten.

Scapin. Na, und was ist daran so schlimm?

Octave. O weh! Du weißt den Grund meiner Unruhe nicht?

Scapin. Nein. Aber es liegt nur bei Ihnen, mich sofort zu unterrichten. Ich bin ein Mann, der sich aufs Trösten versteht, ein Mann, der sich für die Angelegenheiten junger Kavaliere lebhaft interessiert.

Octave. Ach, Scapin, könntest du etwas erfinden, irgendeinen Apparat in Betrieb setzen, um mir aus meiner Not zu helfen. Ich würde mein Leben lang dein Schuldner sein.

Scapin. Um die Wahrheit zu sagen: es gibt wenig Dinge, die mir unmöglich wären, wenn ich mich mal richtig ins Zeug lege. Ich habe ohne Zweifel vom Himmel eine geniale Befähigung erhalten für alle jene Leistungen eines beweglichen Geistes, all jene galanten Erfindungen, die der blöde Ignorant Schelmenstücke nennt. Ich kann wohl ohne Prahlerei sagen: es hat noch nie einen Menschen gegeben, der sich besser darauf verstünde, jemandem einen Streich zu spielen oder eine Intrige einzufädeln, der in dieser vornehmen Kunst mehr Ruhm geerntet hätte als ich. Aber, mein Gott, wahres Verdienst wird heutzutage wenig geschätzt, und so hab ich auf alles verzichtet, nachdem ich in einer gewissen Affäre zuviel Ärger gehabt.

Octave. Was für eine Affäre?

Scapin. Eine, die mich in Konflikt mit den Gerichten brachte.

Octave. Den Gerichten?

Scapin. Ja, eine kleine Meinungsverschiedenheit.

Octave. Zwischen dir und dem Gericht?

Scapin. Ja. Und man hat mich sehr schlecht behandelt. Und das hat mich so empört über die Undankbarkeit der Welt, daß ich beschlossen habe, nie mehr etwas zu unternehmen. Aus! Und nun erzählen Sie mir Ihre Geschichte.

Octave. Du weißt, Scapin, daß vor zwei Monaten Herr Geronte und mein Vater gemeinschaftlich eine Reise zur See unternahmen – in Geschäften, an denen beide beteiligt waren.

Scapin. Ja, das weiß ich.

Octave. Und daß Leander und ich von unsern Vätern hier zurückgelassen wurden, ich unter der Aufsicht von Sylvester und Leander unter deiner Obhut.

Scapin. Ja. Und ich habe meine Pflicht tadellos erfüllt.

Octave. Bald danach lernte Leander eine junge Zigeunerin kennen und verliebte sich in sie.

Scapin. Weiß ich auch.

Octave. Da wir die besten Freunde sind, weihte er mich sofort in sein Liebesgeheimnis ein und führte mich zu dem Mädchen hin, das ich in der Tat sehr schön fand, aber doch nicht so schön, wie er es sich gewünscht hatte. Er sprach mir tagaus, tagein nur noch von ihr, pries mir jeden Augenblick ihre Lieblichkeit und Anmut, lobte ihren Verstand und sprach mit Begeisterung von dem Zauber ihres Gesprächs, von dem er mir auch die unbedeutendsten Worte wiedergab, unablässig bemüht, mich glauben zu machen, es gebe nichts Geistreicheres auf der Welt. Mitunter beklagte er sich, daß ich nicht genug Verständnis für die Dinge habe, von denen er mir berichtete, und warf mir immer wieder meine Gleichgültigkeit gegenüber den Flammen der Liebe vor.

Scapin. Ich weiß noch immer nicht, wo das hinaus soll.

Octave. Eines Tages, als ich ihn zu den Leuten begleitete, die seine Holde behüten, hörten wir in einem kleinen Häuschen in einer entlegenen Straße jemand laut klagen und zwischendurch schluchzen. Wir fragten, was da vorgehe. Eine Frau sagte uns seufzend, wir könnten hier Einblick in das traurige Schicksal einiger Fremder gewinnen, und wenn wir nicht ganz gefühllos seien, würde es uns tief rühren.

Scapin. Und wo führte man Sie hin?

Octave. Die Neugier trieb mich, Leander zu überreden, mit mir hineinzugehen. Wir traten in ein Zimmer. Eine alte Frau lag im Sterben. Daneben standen eine jammernde Dienerin und ein junges Mädchen, das ganz in Tränen aufgelöst war – das Schönste und Rührendste, was man je sehen kann.

Scapin. Aha.

Octave. Eine andere hätte in dieser Verfassung abscheulich ausgesehen. Sie hatte nichts auf dem Leibe als einen schlechten kurzen Rock und eine Nachtjacke aus einfachem Barchent. Ihr Kopfputz war eine gelbe Haube, die ganz oben auf dem Scheitel saß und unter der das Haar in Unordnung auf die Schultern herabfiel. Und doch, so wie sie da war, strömte sie tausend Reize aus, und ihr ganzes Wesen war süßeste Anmut.

Scapin. Nun merk ich schon, was weiter kommt.

Octave. Hättest du sie in dem geschilderten Zustand gesehen, Scapin, du hättest sie entzückend gefunden.

Scapin. Das glaub ich gern, und auch ohne sie gesehen zu haben, sehe ich schon, daß sie ganz bezaubernd war.

Octave. Ihre Tränen waren nicht von jener häßlichen Art, die ein Gesicht entstellen. Sie war, wie sie so weinte, von rührender Anmut, und ihr Schmerz war der schönste von der ganzen Welt.

Scapin. Ich sehe das alles vor mir.

Octave. Sie mußte jeden zu Tränen rühren, wenn sie sich so liebevoll über den Leib der Sterbenden warf, die sie ihre teure Mutter nannte! Niemand, dessen Herz nicht schmerzlich zusammengezuckt wäre beim Anblick eines so edlen Wesens!

S c a p i n. Das ist in der Tat rührend, und ich verstehe schon, daß dieses edle Wesen Ihre Liebe entflammt hat.

O c t a v e. Ach, Scapin, auch ein Barbar hätte sie lieben müssen.

S c a p i n. Sicherlich. Und wie wäre diese Liebe zu überwinden?

O c t a v e. Nachdem ich die unglückliche Schöne durch ein paar Worte zu trösten versucht, gingen wir wieder. Ich fragte Leander, was er von diesem Mädchen halte. Er antwortete kühl, er finde sie recht nett. Die Gleichgültigkeit, mit der er von ihr sprach, kränkte mich, und ich hatte keine Lust, ihm zu gestehen, welchen Eindruck ihre Schönheit auf mich gemacht.

S y l v e s t e r *(zu Octave).* Wenn Sie sich nicht kürzer fassen, können wir bis morgen hier stehen. *(Zu Scapin.)* Sein Herz hatte von dem Augenblick an Feuer gefangen. Er mochte nicht mehr leben, wenn er seine Schöne nicht trösten durfte. Aber seine häufigen Besuche wurden von der Dienerin zurückgewiesen, die sich nach dem Tode der Mutter als eine Art Gouvernante aufspielt. Nun ist mein Herr ganz verzweifelt: er drängt, fleht, beschwört – nichts zu machen! Man sagt ihm, das Mädchen sei zwar arm und hilflos, aber aus ehrbarer Familie, und wenn er nicht die Absicht habe, sie zu heiraten, könne man seine Zudringlichkeiten nicht dulden. Der Widerstand steigert sein Begehren nur. Er überlegt, grübelt, räsoniert, wägt ab und faßt endlich seinen Beschluß: seit drei Tagen ist er mit ihr verheiratet.

S c a p i n. So, so.

S y l v e s t e r. Und nun denk an die unerwartete Heimkehr des Vaters, den man frühestens in zwei Monaten erwartete; nimm hinzu, daß der Onkel das Geheimnis unserer Ehe entdeckt hat; denk auch an die geplante Heirat mit Herrn Gerontes Tochter von dessen zweiter Frau, die er in Tarent geheiratet haben soll.

O c t a v e. Und dazu noch die Armut des lieben Mädchens und daß ich ganz außerstande bin, ihr zu helfen.

S c a p i n. Ist das alles? So eine Kleinigkeit macht euch beiden das Herz schwer? Lohnt sich's, deswegen sich aufzuregen? Schämst du dich nicht, um so ein Nichts die Flinte ins Korn zu werfen? Ei, zum Teufel! Steht der Kerl da, groß und dick, wie Vater und Mutter zusammen, und weiß in seinem Hirn keine galante List auszuhecken, keinen ehrlichen kleinen Kniff zu finden, die Sache in Ordnung zu bringen? Pfui! Die Pest über dich Tölpel! Ich wünschte, man hätte mich einmal beauftragt, unsre alten Herren zu beschwindeln! Ich hätte sie alle beide herumgekriegt – und wie! Ich war noch nicht viel größer als so *(zeigt mit der Hand)*, da machte ich schon durch hundert geschickte Streiche von mir reden.

S y l v e s t e r. Ich danke dem Himmel, daß er mir deine Talente nicht gegeben hat und daß ich nicht soviel Verstand habe wie du, um mich mit der Justiz einzulassen.

O c t a v e. Da kommt meine liebe Hyacinte.

DRITTER AUFTRITT

Die Vorigen. Hyacinte.

H y a c i n t e. Ah, Octave, ist es wahr, was Sylvester der Nerine gesagt hat: Ihr Vater ist zurückgekehrt und will Sie verheiraten?

O c t a v e. Ja, schöne Hyacinte. Und diese Nachricht ist ein harter Schlag für mich. Doch was seh ich? Sie weinen! Weshalb diese Tränen? Argwöhnen Sie, ich könnte Ihnen untreu werden? Sind Sie meiner Liebe nicht sicher?

H y a c i n t e. Ja, Octave, ich glaube, daß Sie mich lieben, aber ich bin nicht sicher, daß Sie mich immer lieben werden.

Octave. Kann man Sie denn anders als für das ganze Leben liebgewinnen?

Hyacinte. Ich habe sagen hören, daß ihr Männer nicht so lange liebt wie wir und daß eure Leidenschaft eine Glut ist, die ebenso schnell erlischt, wie sie auflodert.

Octave. Nein, liebste Hyacinte, mein Herz ist nicht so wie das der andern Männer, und ich weiß ganz sicher, daß ich Sie bis zu meinem Tode lieben werde.

Hyacinte. Ich glaube gern, daß Sie wirklich empfinden, was Sie jetzt zu mir sagen, und ich zweifle nicht an Ihrer Aufrichtigkeit. Aber ich fürchte eine fremde Macht, die in Ihrem Herzen die zärtlichen Gefühle, die Sie mir vielleicht entgegenbringen, bekämpfen könnte. Sie hängen von einem Vater ab, der Sie mit einer andern verheiraten will, und ich weiß bestimmt, daß ich sterben muß, wenn dieses Unglück geschieht.

Octave. Nein, schöne Hyacinte, es gibt keinen Vater, der mich zwingen könnte, Ihnen die Treue zu brechen. Ich bin entschlossen, wenn es nicht anders geht, eher mein Vaterland sofort zu verlassen, als daß ich mich von Ihnen trennte. Ich empfinde, noch ohne sie gesehen zu haben, eine tiefe Abneigung gegen die mir zugedachte Braut, und ohne grausam zu sein, möchte ich wünschen, daß das Meer sie für immer hinwegspülte. Ich bitte Sie, teuerste Hyacinte, weinen Sie nicht! Ihre Tränen sind mein Tod; ich kann sie nicht sehen, ohne daß es mir einen Stich durchs Herz gibt.

Hyacinte. Wenn Sie es wünschen, will ich gern meine Tränen abwischen und festen Blickes dem entgegensehen, was der Himmel über mich beschlossen hat.

Octave. Der Himmel wird uns gnädig sein.

Hyacinte. Er wird nicht gegen mich sein, wenn Sie mir treu bleiben.

Octave. Das werde ich gewiß.

Hyacinte. Dann bin ich glücklich.

Scapin *(für sich).* Wahrhaftig, sie ist nicht dumm. Und ich finde sie auch sonst ganz nett.

Octave *(auf Scapin zeigend).* Da ist ein Mann, der, wenn er wollte, uns wunderbar aus allen Nöten helfen könnte.

Scapin. Ich habe hoch und heilig geschworen, mich in nichts mehr einzulassen, aber wenn Sie alle beide sehr hübsch bitten, könnte ich vielleicht ...

Octave. Ah, wenn es nur aufs Bitten ankommt, um deine Hilfe zu gewinnen, so flehe ich dich aus ganzem Herzen an, das Steuer unseres Schiffes in die Hand zu nehmen.

Scapin *(zu Hyacinte).* Und Sie sagen mir gar nichts?

Hyacinte. Ich beschwöre Sie gleich ihm bei allem, was Ihnen auf der Welt teuer ist, unserer Liebe beizustehen.

Scapin. Man muß sich überreden lassen und menschlich sein. Gut denn, ich will mich Ihrer annehmen.

Octave. Glaube mir ...

Scapin *(zu Octave).* Still! *(Zu Hyacinte.)* Gehen Sie nur und seien Sie ganz unbesorgt.

(Hyacinte ab.)

VIERTER AUFTRITT

Die Vorigen ohne Hyacinte.

capin *(zu Octave).* Und Sie machen sich bereit, die Ankunft Ihres Vaters mit Ruhe und Würde hinzunehmen.

ctave. Ich muß dir gestehen, daß schon die Erwartung dieser Ankunft mich zittern macht. Es ist eine natürliche Angst, die ich nicht überwinden kann.

:apin. Sie müssen trotzdem beim ersten Stoß fest bleiben. Sonst kann es ihm angesichts Ihrer Schwäche gefallen, Sie wie ein Kind zu behandeln. Versuchen Sie einmal, den tapferen Mann zu spielen. Legen Sie sich auf alles, was er Ihnen sagen könnte, energische Antworten zurecht.

Octave. Ich will mein Bestes tun.

Scapin. Machen wir eine kleine Probe, um Sie zu gewöhnen. Üben wir Ihre Rolle! Wir wollen sehen, ob Sie es gut machen. Vorwärts! Resolute Miene, Kopf hoch, fester Blick!

Octave. So?

Scapin. Noch etwas kühner.

Octave. So?

Scapin. Gut. Nun stellen Sie sich vor, ich wäre Ihr soeben eingetroffener Vater, und antworten Sie mir mit fester Entschlossenheit, als redeten Sie zu ihm selbst. »Was? Du Galgenstrick, Taugenichts, Schandbube, unwürdiger Sohn eines Vaters wie ich – du wagst es, mir vor die Augen zu kommen, nachdem du mich so betrogen, mir in meiner Abwesenheit einen so gemeinen Streich gespielt hast? Ist das die Frucht all meiner Bemühungen, Elender? Ist das die Frucht meiner Bemühungen? Ist das der Respekt, den man mir schuldet? Der Respekt, den man mir schuldet?« Na, los, los! *(Fortfahrend.)* »Du hast die Frechheit, du gemeiner Kerl, dich ohne meine Einwilligung zu binden eine geheime Ehe einzugehen! Gib Antwort, Schuft gib Antwort! Ich will doch deine guten Gründ kennenlernen!« ... Ei, zum Teufel, Ihnen hat es woh die Sprache verschlagen?

Octave. Es war mir, als hörte ich wirklich den Vat reden.

Scapin. Eben darum dürfen Sie nicht dastehen w ein Einfaltspinsel.

Octave. Ich werde Mut fassen und ihm energisch an worten.

Scapin. Ganz bestimmt?

Octave. Bestimmt.

Sylvester. Da kommt Ihr Vater.

Octave. O Himmel! Ich bin verloren! *(Läuft davon.)*

Scapin. Holla, Octave! Bleiben Sie, Octave! Weg ist er! So ein Jammermensch! Aber lassen wir den Alten nicht warten.

Sylvester. Was soll ich ihm sagen?

Scapin. Laß mich nur reden und halte dich an mich.

(Sie ziehen sich zurück.)

FÜNFTER AUFTRITT

Argante. Scapin und Sylvester im Hintergrund.

Argante *(sich allein glaubend)*. Hat man je so etwas gehört!

Scapin *(zu Sylvester)*. Er weiß schon Bescheid, und die Geschichte regt ihn so auf, daß er laut mit sich selbst spricht.

Argante *(wie oben)*. Eine unglaubliche Frechheit!

Scapin *(zu Sylvester)*. Hören wir ein bißchen zu.

Argante *(wie oben)*. Ich möchte wohl wissen, was sie mir über diese schöne Heirat sagen werden.

Scapin *(für sich)*. Das haben wir uns schon überlegt.

Argante *(wie oben)*. Werden sie es wagen zu leugnen?

Scapin *(für sich)*. Daran denken wir nicht.

Argante *(wie oben)*. Oder werden sie versuchen, sich zu entschuldigen?

Scapin *(für sich)*. Das könnte wohl sein.

Argante *(wie oben)*. Oder mich durch Flausen ablenken?

Scapin *(für sich)*. Vielleicht.

Argante *(wie oben)*. Aber all ihr Geschwätz wird ihnen nichts helfen.

Scapin *(für sich)*. Das wollen wir noch sehen.

Argante *(wie oben)*. Ich nehme nicht die geringste Rücksicht.

Scapin *(für sich)*. Man soll nichts verschwören.

Argante. Ich lasse meinen Taugenichts von Sohn in Sicherheit bringen.

Scapin *(für sich)*. Wir werden schon vorsorgen.

Argante *(wie oben)*. Und Sylvester, der Schuft, soll tüchtig Prügel beziehen.

Sylvester *(zu Scapin)*. Es hätte mich gewundert, wenn er mich vergessen hätte.

Argante *(erblickt Sylvester)*. Ah, da bist du ja, du weiser Hüter der Familie, du schöner Hofmeister für junge Leute.

Sylvester. Gnädiger Herr, ich bin glücklich, Sie wieder daheim zu sehen.

Argante. Guten Tag, Scapin. *(Zu Sylvester.)* Du hast meine Anweisungen ja wunderbar befolgt. Und mein Sohn hat sich in meiner Abwesenheit höchst gescheit benommen.

Scapin. Es geht Ihnen gut, soweit ich sehe.

Argante. Recht gut. *(Zu Sylvester.)* Du sagst kein Wort, Halunke, du sagst kein Wort!

Scapin. Ist Ihre Reise gut verlaufen?

Argante. Ach Gott ja, sehr gut. Laß mich doch in Ruhe schimpfen.

Scapin. Sie wollen schimpfen?

Argante. Ja, das will ich.

Scapin. Auf wen denn?

Argante *(zeigt auf Sylvester)*. Auf den Kerl da.

Scapin. Warum?

Argante. Hast du nicht gehört, was sich in meine Abwesenheit begeben hat?

Scapin. Ja, von irgendeinem kleinen Zwischenfa hab ich wohl reden hören.

Argante. Kleiner Zwischenfall! Ein solcher Skanda

Scapin. Sie haben sicherlich recht.

Argante. Eine solche Verwegenheit!

Scapin. Allerdings.

Argante. Ein Sohn, der ohne Zustimmung des Vaters heiratet!

Scapin. Darüber ließe sich schon reden. Ich bin aber der Meinung, Sie brauchten nicht gleich Lärm zu schlagen.

Argante. Der Meinung bin ich ganz und gar nicht. Ich werde immer weiter Lärm schlagen. Wie? Du findest nicht, daß ich tausend Gründe habe, ungehalten zu sein?

Scapin. Sicher. Ich war es anfangs auch, als ich die Geschichte erfuhr. Ich nahm so lebhaften Anteil an Ihnen, daß ich Ihren Herrn Sohn sogar ausschalt. Fragen Sie ihn doch mal, was für heftige Vorwürfe ich ihm gemacht habe, wie ich ihn gerüffelt habe, daß er so wenig Respekt vor einem Vater hat, dessen Fußspuren er küssen sollte. Man kann nicht eindringlicher reden, auch wenn Sie es selber wären. Aber – ich habe dann die Vernunft sprechen lassen und eingesehen, daß er im Grunde gar nicht so sehr unrecht hat, wie man glauben möchte.

Argante. Was erzählst du mir da? Er hat nicht unrecht, sich mir nichts, dir nichts mit einer fremden Person zu vermählen?

Scapin. Was wollen Sie? Sein Schicksal hat ihn getrieben.

Argante. Haha! Das ist mir eine herrliche Erklärung! So kann man alle denkbaren Verbrechen rechtfertigen – Betrug, Diebstahl, Mord! Man sagt einfach, das Schicksal hätte einen dazu getrieben.

Scapin. Ach Gott, Sie nehmen meine Worte viel zu philosophisch. Ich will nur sagen, daß er schicksalhaft in diese Sache verwickelt wurde.

Argante. Und warum hat er sich verwickeln lassen?

Scapin. Können Sie verlangen, daß er ebenso vernünftig ist wie Sie? Junge Menschen sind jung und besitzen noch nicht die Weisheit, die hindert, unverständig zu handeln. Ein Beispiel dafür ist unser Leander, der trotz all meiner Belehrungen, trotz all meiner Einwände sich noch schlechter benommen hat als Ihr Sohn. Ich möchte wohl wissen, ob Sie nicht auch einmal jung gewesen sind und ob Sie zu Ihrer Zeit nicht auch Dummheiten gemacht haben wie alle andern. Ich habe wenigstens gehört, daß Sie sich einst großer Beliebtheit bei den Frauen erfreuten, daß Sie sich mit den galantesten Damen von dazumal amüsierten und daß Sie jedes Verhältnis bis zur Neige auskosteten.

Argante. Das ist wahr, ich gebe es zu. Aber ich ließ es bei galanten Abenteuern bewenden und bin nie so weit gegangen wie er.

Scapin. Ja, was blieb ihm denn übrig? Er sieht eine junge Person, die ihm wohlwill – denn das hat er von Ihnen geerbt, daß er allen Frauen gefällt. Er findet sie reizend, er besucht sie, sagt ihr Schmeicheleien, schmachtet, seufzt, gibt sich leidenschaftlich verliebt. Sie gibt seinem Drängen nach, er genießt sein Glück. Er wird mit ihr von ihren Verwandten ertappt, die ihn mit Gewalt zwingen, das Mädchen zu heiraten.

Sylvester *(für sich)*. Ist das ein ausgepichter Schwindler!

Scapin. Hätten Sie gewünscht, daß er sich umbringen ließ? Es ist immer noch besser, verheiratet zu sein als tot.

Argante. So hat man mir die Sache nicht dargestellt

Scapin *(zeigt auf Sylvester)*. Fragen Sie den da – e wird Ihnen nichts anderes sagen.

Argante *(zu Sylvester)*. Wurde er zur Heirat ge zwungen?

Sylvester. Ja, gnädiger Herr.

Scapin. Warum sollte ich Sie belügen?

Argante. Er hätte sofort bei einem Notar gegen die Gewalt protestieren müssen.

Scapin. Eben das wollte er nicht.

Argante. Dann wäre es mir jetzt leichter, die Ehe zu lösen.

Scapin. Die Ehe lösen?

Argante. Selbstverständlich.

Scapin. Sie werden sie nicht mehr lösen.

Argante. Ich sie nicht lösen?

Scapin. Nein.

Argante. Wie? Habe ich nicht auf meiner Seite mein Recht als Vater und als guten Grund die Gewalt, die man meinem Sohn angetan hat?

Scapin. Damit wird er nicht einverstanden sein.

Argante. Nicht einverstanden?

Scapin. Nein.

Argante. Mein Sohn?

Scapin. Ja, Ihr Sohn. Wollen Sie etwa, daß er zugibt, er habe sich feige benommen und sich durch Gewalt zwingen lassen? Er denkt nicht daran, das zu gestehen. Das hieße ja, sich ins Unrecht setzen und sich eines Vaters wie Sie unwürdig zeigen.

Argante. Das kümmert mich nicht im geringsten.

Scapin. Er muß um seiner und Ihrer Ehre willen vor aller Welt erklären, daß er aus freiem Willen dieses Mädchen geheiratet habe.

Argante. Und ich wünsche um seiner und meiner Ehre willen, daß er das Gegenteil erklärt.

Scapin. Ich bin sicher, daß er es nicht tut.

Argante. Ich werde ihn dazu zwingen.

Scapin. Er tut's nicht, sag ich.

Argante. Er tut's, oder ich enterbe ihn.

Scapin. Sie?

Argante. Ich.

Scapin. Schön.

Argante. Was ist da schön?

Scapin. Sie enterben ihn nicht.

Argante. Ich enterbe ihn nicht?

Scapin. Nein.

Argante. Nein?

Scapin. Nein.

Argante. Holla! Das gefällt mir! Ich soll meinen Sohn nicht enterben?

Scapin. Nein, sag ich.

Argante. Wer soll es mir verwehren?

Scapin. Sie selbst.

Argante. Ich?

Scapin. Ja, Sie. Sie bringen es nicht übers Herz.

Argante. Doch.

Scapin. Das ist nicht Ihr Ernst.

Argante. Mein voller Ernst.

Scapin. Die väterliche Liebe wird ihr Recht geltend machen.

Argante. Nichts wird sie.

Scapin. Doch, doch, doch.

Argante. Ich sage dir, ich tu's.

Scapin. Unsinn.

Argante. Den redest du.

Scapin. Mein Gott, ich kenne Sie doch. Sie sind von Natur gütig.

Argante. Ich bin gar nicht gut. Wenn ich will, bin ich böse. Brechen wir das Gespräch ab, es erhitzt mir nur die Galle. *(Zu Sylvester.)* Geh, du Schuft. Such meinen Taugenichts auf, ich begebe mich indes zu Herrn Geronte, ihm mein Mißgeschick zu erzählen.

Scapin. Herr Argante, wenn ich Ihnen irgendwie nützlich sein kann, brauchen Sie nur zu befehlen.

Argante. Danke. *(Für sich.)* Ach, warum muß ich nur den einen Sohn haben! Warum habe ich die Tochter nicht mehr, die das Schicksal mir raubte und die ich jetzt zur alleinigen Erbin machen könnte! *(Ab.)*

SECHSTER AUFTRITT

Scapin. Sylvester.

Sylvester. Du bist wahrhaftig ein großer Mann, Scapin, und die Sache ist gut im Zuge. Aber das Geld macht uns Schwierigkeiten. Wir sind umringt von Leuten, die uns bedrängen.

Scapin. Laß mich nur machen, ich habe den Kniff heraus. Ich überlege nur noch, wo ich einen mir zugetanen Mann finde, der eine Person darstellen könnte, wie ich sie brauche. Halt! Steh mal schön grade. Setz die Mütze schief auf wie so 'n richtiger Eisenfresser. Schieb das eine Bein vor. Stemm die Hand in die Hüfte. Mach wütende Augen. Geh auf und ab wie die Könige auf der Bühne. So ist's gut. Komm mit. Ich habe meine geheimen Mittel, dein Gesicht und deine Stimme unkenntlich zu machen.

Sylvester. Ich bitte dich flehentlich nur um eins: bring mich nicht in Konflikt mit der Justiz.

Scapin. Ach was! Wir teilen brüderlich die Gefahr. Drei Jahre Galeere mehr oder weniger können ein edles Herz nicht irremachen!

ZWEITER AUFZUG

ERSTER AUFTRITT

Geronte. Argante.

Geronte. Ja, ganz gewiß, bei diesem Wetter haben wir unsere Leute noch heute hier. Ein Matrose, der aus Tarent kam, hat mir versichert, er habe meinen Mann gesehen, wie er sich einschiffte. Aber wenn meine Tochter jetzt kommt, findet sie die Lage keineswegs günstig für unsere Absichten. Was Sie mir von Ihrem Sohn erzählen, macht alle unsere gemeinsamen Pläne zunichte.

Argante. Seien Sie unbesorgt. Ich verbürge mich, daß ich alle Hindernisse überwinde. Ich arbeite bereits darauf hin.

Geronte. Soll ich Ihnen etwas sagen, Herr Argante? Kinder erziehen ist ein Geschäft, das man sehr gründlich betreiben muß.

Argante. Sicherlich. Aber was soll das jetzt?

Geronte. Ich will damit sagen, daß der schlechte Lebenswandel der jungen Leute meist eine Folge der schlechten Erziehung ist, die sie von ihren Vätern erhalten haben.

Argante. Das kommt zuweilen vor. Aber was soll das in unserm Falle?

Geronte. Was es in unserm Falle soll?

Argante. Ja.

Geronte. Das soll heißen, daß, wenn Sie als guter Vater Ihren Sohn besser im Zaum gehalten hätten, er Ihnen jetzt diesen Streich nicht gespielt hätte.

Argante. Sehr schön. Sie haben also Ihren Sohn besser erzogen?

Geronte. Ohne Zweifel. Und ich wäre sehr betrübt, wenn er mir etwas Ähnliches angetan hätte.

Argante. Und wenn nun dieser Sohn, den Sie als braver Vater so gut erzogen haben, es noch ärger getrieben hätte als der meinige? He?

Geronte. Wie das?

Argante. Wie das?

Geronte. Was wollen Sie damit sagen?

Argante. Ich will sagen, Herr Geronte, daß man nicht so schnell dabei sein soll, anderer Leute Benehmen zu verurteilen, und daß, wer anderen am Zeuge flicken will, gut darauf passen muß, ob's nicht auch bei ihm irgendwo ein Loch gibt.

Geronte. Ich verstehe nichts von diesen geheimnisvollen Reden.

Argante. Man wird's Ihnen schon erklären.

Geronte. Haben Sie etwas über meinen Sohn reden hören?

Argante. Das könnte schon sein.

Geronte. Und was denn?

Argante. Ihr Scapin hat mir leider nur ein paar allgemeine Andeutungen gemacht, und Sie müssen sich schon von ihm oder jemand anders über die Einzelheiten unterrichten lassen. Ich für meine Person will jetzt einen Advokaten aufsuchen, um mir Rat zu holen, was ich unternehmen soll. Auf Wiedersehen! *(Ab.)*

ZWEITER AUFTRITT

Geronte. Dann Leander.

Geronte *(allein).* Was ist das für eine Geschichte? Schlimmer noch als die seinige? Eigentlich kann ich mir nichts Schlimmeres denken. Sich ohne Zustimmung seines Vaters zu verheiraten ist meines Erachtens eine Schandtat, die alles überbietet, was man sich denken kann. *(Leander kommt.)* Ah! Da bist du ja.

Leander *(eilt auf ihn zu, um ihn zu umarmen).* Ah! Mein Vater! Wie freue ich mich, daß Sie heimgekehrt sind!

Geronte *(der Umarmung ausweichend).* Sachte. Reden wir erst über wichtigere Dinge.

Leander. Gestatten Sie, daß ich Sie umarme und daß ...

Geronte *(wieder ausweichend).* Sachte, sag ich dir.

Leander. Wie, mein Vater? Sie verwehren es mir, meiner Freude durch eine Umarmung Ausdruck zu geben?

Geronte. Ja. Wir müssen uns erst über einen Punkt klarwerden.

L e a n d e r. Nämlich?

G e r o n t e. Stell dich so hin, daß ich dir ins Gesicht sehen kann.

L e a n d e r. Wie?

G e r o n t e. Sieh mir in die Augen.

L e a n d e r. Nun und –?

G e r o n t e. Was hat sich hier ereignet?

L e a n d e r. Was sich hier ereignet hat?

G e r o n t e. Ja. Was hast du in meiner Abwesenheit gemacht?

L e a n d e r. Was soll ich denn gemacht haben, Vater?

G e r o n t e. Ich will nicht, daß du etwas gemacht haben sollst, sondern ich will wissen, was du gemacht hast.

L e a n d e r. Ich? Nichts, worüber Sie sich beklagen könnten.

G e r o n t e. Nichts?

L e a n d e r. Nein.

G e r o n t e. Du bist sehr selbstsicher.

L e a n d e r. Weil ich mir meiner Unschuld bewußt bin.

G e r o n t e. Scapin hat mir von deinen Streichen berichtet.

L e a n d e r. Scapin?

G e r o n t e. Aha! Der Name macht dich erröten!

L e a n d e r. Hat er Ihnen etwas über mich gesagt?

G e r o n t e. Hier ist nicht der Ort, diese Frage zu behandeln. Wir wollen das anderswo tun. Geh jetzt in unsere Wohnung, ich komme gleich nach. Ha, Schändlicher! Wenn du mich entehrst, erkenne ich dich nicht mehr als Sohn an, und du kommst mir nicht meh unter die Augen! *(Ab.)*

L e a n d e r *(allein).* Mir solch einen Schabernack z spielen! Der Schuft, der aus hundert Gründen als erste verschweigen müßte, was ich ihm anvertraute, ist de erste, der alles meinem Vater ausplaudert! Ha! Ic schwöre beim Himmel, dieser Verrat soll nicht unge straft bleiben!

DRITTER AUFTRITT

Leander. Octave. Scapin.

Octave. Mein lieber Scapin, was dank ich nicht all deinen Bemühungen! Du bist ein wunderbarer Mensch! Und welche Gnade des Himmels, daß er mir dich zu Hilfe sandte!

Leander. Ah, da sind Sie! Ich bin entzückt, Sie zu sehen, Herr Taugenichts.

Scapin. Ihr Diener, Herr. Sie erweisen mir zuviel Ehre.

Leander *(zieht den Degen)*. Du possenreißender Schuft! Ich will dich lehren ...

Scapin *(fällt auf die Knie)*. Herr ...

Octave *(sich zwischen sie werfend)*. Aber, Leander!

Leander. Nein, Octave, halten Sie mich nicht zurück, ich bitte Sie!

Scapin *(zu Leander)*. Ach, lieber Herr!

Octave *(Leander festhaltend)*. Gnade!

Leander *(will zuschlagen)*. Lassen Sie mich meinen Zorn stillen!

Octave. Um unserer Freundschaft willen, Leander, mißhandeln Sie ihn nicht!

Scapin. Herr, was hab ich Ihnen getan?

Leander *(ausholend)*. Was du mir getan hast, Verräter?

Octave *(ihn zurückhaltend)*. Holla! Sachte!

Leander. Nein, Octave, ich will, daß er mir selbst gesteht, und zwar sofort, wie gemein er an mir gehandelt hat. Ja, Halunke, ich weiß um den Streich, den du mir gespielt hast. Man hat ihn mir mitgeteilt. Du hast vielleicht nicht geglaubt, daß man mir das Geheimnis verraten würde, aber ich will jetzt das Geständnis aus deinem eigenen Munde hören, oder ich durchbohre dich mit diesem Degen.

Scapin. Ach, Herr, hätten Sie wirklich das Herz dazu?

Leander. Gesteh!

Scapin. Ich soll Ihnen etwas getan haben, Herr?

Leander. Ja, Schurke, und dein Gewissen sagt dir deutlich genug, was es ist!

Scapin. Ich versichere Sie, ich weiß von nichts.

Leander *(will zuschlagen)*. Du weißt von nichts?

Octave *(hält ihn zurück)*. Leander!

Scapin. Gut, Herr, da Sie es wünschen, will ich Ihnen gestehen, daß ich mit meinen Freunden das Fäßchen spanischen Wein ausgetrunken habe, das Sie vor ein paar Tagen geschenkt bekamen. Und ich war's, der ein Loch in das Faß bohrte und rundherum Wasser ausgoß, damit Sie glauben sollten, der Wein sei ausgelaufen.

Leander. Also du Galgenvogel warst es, der meinen spanischen Wein ausgesoffen hat und daran schuld ist, daß ich das Dienstmädchen so heftig gescholten habe, weil ich glaubte, sie hätte mir diesen Streich gespielt.

Scapin. Ja, Herr, ich war's, und ich bitte Sie um Verzeihung.

Leander. Es ist gut, daß ich das nun weiß. Aber es handelt sich jetzt nicht darum.

Scapin. Nicht darum, Herr?

Leander. Nein, es ist eine andere Sache, die mich viel näher angeht, und ich will, daß du sie mir jetzt gestehst.

Scapin. Herr, ich erinnere mich nicht, noch etwas ver brochen zu haben.

Leander *(holt aus)*. Du willst nicht reden?

Scapin. Ach, ach!

Octave *(Leander zurückhaltend)*. Sachte!

Scapin. Ja, Herr, ich will's gestehn: vor drei Woche schickten Sie mich mit einer kleinen netten Taschenul zur jungen Zigeunerin, die Sie lieben. Ich kam zurüc mit blutigem Gesicht und verschmutzten Kleidern ur sagte Ihnen, mich hätten Diebe überfallen, mich grä lich verprügelt und mir die Uhr geraubt. Aber ich selber war es, der die Uhr für sich behielt.

Leander. Du also hast meine Uhr gestohlen?

Scapin. Ja, Herr, um immer zu wissen, wie spät es ist.

Leander. Haha! Da erfahre ich ja nette Sachen! Ich habe einen nur zu treuen Diener, in der Tat! Aber auch das wollte ich nicht von dir wissen.

Scapin. Auch das nicht?

Leander. Nein, du Schuft! Du sollst mir etwas ganz anderes gestehen.

Scapin *(für sich)*. Teufel!

Leander. Mach schnell! Meine Geduld ist erschöpft.

Scapin. Herr, das war alles, was ich verbrochen habe.

Leander *(holt aus)*. Alles?

Octave *(hält ihn zurück)*. Nicht doch!

Scapin. Gut denn, gnädiger Herr. Erinnern Sie sich an das Gespenst, das Ihnen vor einem halben Jahr nachts mit einem Knüppel so gründliche Hiebe versetzte und darauf aus war, daß Sie sich den Hals brechen sollten, als Sie auf der Flucht in den Graben stürzten?

Leander. Und was ist damit?

Scapin. Ich war das Gespenst, Herr.

Leander. Du Schandbube hast das Gespenst gespielt?

Scapin. Ja, Herr, aber nur, um Ihnen einen kleinen Schreck einzujagen, daß Sie die Lust verlieren, uns jede Nacht hin und her laufen zu lassen, wie das Ihre Gewohnheit war.

Leander. Ich erinnere mich an alles, was ich von dir höre, an Zeit und Ort. Aber ich will der Sache auf den Grund kommen. Du sollst mir gestehn, was du meinem Vater gesagt hast.

Scapin. Ich Ihrem Herrn Vater?

Leander. Ja, Halunke, meinem Vater.

Scapin. Ich habe ihn seit seiner Rückkehr noch gar nicht gesehn.

Leander. Du hast ihn nicht gesehn?

Scapin. Nein, Herr.

Leander. Gewiß nicht?

Scapin. Ganz gewiß nicht. Er wird es Ihnen bestätigen können.

Leander. Ich habe es aber von ihm selbst gehört.

Scapin. So hat er – nichts für ungut – die Unwahrheit gesagt.

VIERTER AUFTRITT

Die Vorigen. Carle.

Carle *(zu Leander).* Mein Herr, ich bringe Ihnen eine Nachricht, die für Ihre Liebe sehr schmerzlich ist.

Leander. Was soll das sein?

Carle. Die Zigeuner sind drauf und dran, Zerbinette zu entführen. Sie selbst hat mich mit Tränen in den Augen beauftragt, Ihnen sofort zu sagen, daß, wenn Sie den Zigeunern nicht binnen zwei Stunden das Lösegeld bringen, das sie von Ihnen für das Mädchen verlangt haben, Sie sie für immer verlieren.

Leander. Binnen zwei Stunden!

Carle. Jawohl, binnen zwei Stunden. *(Ab.)*

FÜNFTER AUFTRITT

Die Vorigen ohne Carle.

Leander. Ach, mein lieber Scapin, nun mußt du m[ir] helfen.

Scapin *(geht stolz vor ihm hin und her).* Ach, me[in] lieber Scapin! Jetzt, da man mich nötig hat, bin i[ch] der liebe Scapin!

Leander. Laß nur, ich verzeihe dir alles, was du m[ir] gebeichtet hast, und auch alles Schlimmere, was du m[ir] vielleicht sonst noch angetan.

Scapin. Nein, nein, verzeihen Sie mir nichts! Stoßen Sie mir Ihren Degen in den Leib. Ich werde glücklich sein, wenn Sie mich töten.

Leander. Nicht doch! Ich bitte dich, mir das Leben zu retten, indem du meiner Liebe dienst.

Scapin. Nein, nein, es ist besser, Sie stechen mich tot.

Leander. Du bist mir viel zu wert. Ich bitte dich, in meinem Dienst dein bewunderungswürdiges Genie zu bewähren, das allen Dingen auf den Grund geht.

Scapin. Nein, Sie sollen mich totstechen.

Leander. Um des Himmels willen, denke nicht mehr daran! Denke lieber an die Hilfe, um die ich dich bitte.

Octave. Scapin, es muß etwas für ihn getan werden.

Scapin. Nach einer so schimpflichen Behandlung?

Leander. Ich gelobe dir, meinen Zorn zu vergessen, und bitte dich, mir mit deinem Geschick behilflich zu sein.

Octave. Ich schließe meine Bitten den seinigen an.

Scapin. Die Kränkung nagt an meinem Herzen.

Octave. Du mußt deinen Ärger überwinden.

Leander. Willst du mich verlassen, Scapin, nun meine Liebe einer so grausamen Prüfung unterworfen ist?

Scapin. Mir nichts, dir nichts mich so zu beschimpfen!

Leander. Ich gebe zu, daß ich unrecht hatte.

Scapin. Mich als Schuft, Halunken, Galgenvogel, Schandbuben zu behandeln!

Leander. Ich bedauere es aufrichtig.

Scapin. Mich auf seinen Degen zu spießen!

Leander. Ich bitte dich von ganzem Herzen um Verzeihung. Und wenn ich dir zu Füßen fallen soll *(er tut es)*, so siehst du mich hier, Scapin, und ich beschwöre dich noch einmal, mich nicht zu verlassen.

Octave. Wahrhaftig, Scapin, das müßte dir genügen.

Scapin. Stehen Sie auf. Und seien Sie ein andermal nicht so hitzig.

Leander. Versprichst du, dich für mich einzusetzen?

Scapin. Das muß ich mir überlegen.

Leander. Du weißt aber, daß die Zeit drängt.

Scapin. Machen Sie sich keine Sorgen. Wieviel brauchen Sie?

Leander. Fünfhundert Taler.

Scapin *(zu Octave)*. Und Sie?

Octave. Zweihundert Pistolen.

Scapin. Ich hole mir das Geld von Ihren Vätern. *(Zu Octave.)* Was den Ihrigen betrifft, so ist der Weg schon gefunden. *(Zu Leander.)* Und mit dem Ihrigen hat man trotz seinem stinkenden Geiz noch weniger Mühe. Sie wissen ja, daß er, Gott sei Dank, keinen sehr großen Vorrat an Geist besitzt. Ich halte ihn für einen Mann, den man alles glauben machen kann, was man will. Das darf Sie nicht kränken. Es besteht auch nicht der geringste Verdacht, daß Sie ihm ähnlich sein könnten. Und Sie wissen ja auch, daß alle Welt der Meinung ist, er sei nur pro forma Ihr Vater.

Leander. Laß das, Scapin!

Scapin. Schon gut, schon gut, man hat halt so sein Bedenken. Sie spaßen doch nicht? Aber da kommt Octaves Vater. Fangen wir mit ihm an, da er sich grade präsentiert. Gehn Sie jetzt alle beide. *(Zu Octave.)* Und sagen Sie Ihrem Sylvester, er solle geschwind kommen, seine Rolle spielen.

(Octave und Leander ab.)

SECHSTER AUFTRITT

Scapin. Argante.

Scapin. Da kommt er ganz in Gedanken versunken.

Argante *(sich allein glaubend)*. So wenig Anstand und Überlegung! Sich in solch ein Verhältnis locken lassen! O diese leichtfertige Jugend!

Scapin. Ihr Diener, Herr Argante.

Argante. Guten Tag, Scapin!

Scapin. Sie sprechen von der Affäre Ihres Sohnes?

Argante. Ich muß dir gestehen, daß sie mich furchtbar empört.

Scapin. Herr Argante, das Leben ist durchsetzt von Mißhelligkeiten, und man tut gut, immer in Bereitschaft zu sein. Ich habe vor langer Zeit das Wort eines alten Philosophen gehört, das ich mir für immer eingeprägt habe.

Argante. Das wäre?

Scapin. Wenn ein Familienvater längere Zeit von Hause abwesend ist, soll er sich alle unangenehmen Dinge ausmalen, die er bei seiner Heimkehr vorfinden könnte. Er denke sich sein Haus verbrannt, sein Geld geraubt, seine Frau tot, seinen Sohn zum Krüppel geschlagen, seine Tochter entehrt. Findet er dann, daß nichts dergleichen sich ereignet hat, soll er es seinem guten Glück zuschreiben. Ich habe mich in meiner bescheidenen Philosophie stets an diese Lehre gehalten, und ich bin nie heimgekehrt, ohne auf Zornausbrüche meiner Herrschaft gefaßt zu sein, auf Vorwürfe, Beschimpfungen, Fußtritte in den Hintern, Stockschläge, Peitschenhiebe, und für alles, was mir davon nicht widerfuhr, sagte ich meinem gnädigen Schicksal Dank.

Argante. Sehr gut. Aber diese unverschämte Heirat, die alles umwirft, was wir geplant hatten – das ist etwas, was ich nicht dulden kann, und ich will jetzt mit einem Advokaten Rücksprache nehmen, wie man sie für ungültig erklären kann.

Scapin. Wenn Sie mir glauben wollten, Herr, könnten Sie die Sache auf andere Weise beilegen. Sie wissen ja, was ein Prozeß hierzulande bedeutet, und Sie setzen sich da, fürchte ich, arg in die Nesseln.

Argante. Du hast recht, das sehe ich wohl ein. Aber welchen andern Weg gibt es?

Scapin. Ich glaube einen gefunden zu haben. Die innige Teilnahme, die Ihr Kummer in mir erweckte, ließ mich darüber nachdenken, wie Ihnen zu helfen wäre. Ich kann keinen ehrenwerten Vater, den seine Kinder betrüben, sehen, ohne daß mich das tief ergriffe. Und zudem hatte ich von jeher für Ihre Person eine ganz besondere Sympathie.

Argante. Sehr schmeichelhaft.

Scapin. Ich suchte also den Bruder des Mädchens auf, das Ihr Herr Sohn geheiratet hat. Das ist ein Raufbold von Beruf, einer von jenen Kerlen, die stets mit gezücktem Degen herumlaufen, die von nichts reden als von Hauen und Stechen und für die einen Menschen umbringen nicht mehr bedeutet als ein Glas Wein leeren. Ich sprach mit ihm von dieser Heirat, ich zeigte ihm, wieviel leichter sie rückgängig zu machen wäre, wenn man mit Vernunft statt mit Gewalt vorginge, ich wies auf Ihre väterlichen Vorrechte hin, auf die Unterstützung, die Sie bei der Justiz finden würden durch Ihr Recht, Ihr Geld, Ihre Freunde. Zu guter Letz hatte ich ihn so gründlich von allen Seiten bearbeitet, daß er meinem Vorschlag, die Sache durch ein Schmerzensgeld zu bereinigen, ein williges Ohr lieh. Er erklärte sich einverstanden, die Ehe zu lösen, wenn S ihn durch eine Geldsumme entschädigen.

Argante. Und was hat er verlangt?

Scapin. Das geht allerdings auf keine Kuhhaut.

Argante. Wieviel denn?

Scapin. Es ist einfach unglaublich.

Argante. So sag's doch.

Scapin. Er sprach von fünf- oder sechshundert Pistolen.

Argante. Fünf- und sechstausend viertägige Fie sollen ihn schütteln! Er macht sich wohl über lustig?

Scapin. Das hab ich ihm auch gesagt. Ich wies e

derartige Forderung glatt zurück und machte ihm klar, daß Sie kein Narr seien, dem man fünf- oder sechshundert Pistolen abknöpfen könne. Endlich, nach langem Hin und Her, kam unsere Beratung zu folgendem Ergebnis: Es ist jetzt soweit, sagte er, daß ich zur Armee muß. Ich bin dabei, mich auszurüsten, und weil ich dazu Geld brauche, muß ich wider Willen annehmen, was man mir bietet. Ich brauche ein Pferd, und ich bekomme kein halbwegs taugliches Tier unter sechzig Pistolen.

Argante. Gut. Sechzig Pistolen kann er haben.

Scapin. Er braucht ferner Zaumzeug und Schießwaffen, das macht weitere zwanzig Pistolen.

Argante. Zwanzig Pistolen zu sechzig macht achtzig.

Scapin. Sehr richtig.

Argante. Das ist viel. Aber sei's drum. Ich bin einverstanden.

Scapin. Er braucht dann noch ein Pferd für seinen Burschen, das gute dreißig Pistolen kosten dürfte.

rgante. Was noch? Er soll sich zum Teufel scheren! Er kriegt von mir gar nichts.

capin. Gnädiger Herr!

rgante. Nein, das ist zu unverschämt.

capin. Soll sein Bursche zu Fuß hinter ihm herlaufen?

rgante. Das mag er halten, wie er will, und sein Herr ebenso.

apin. Ach Gott, Herr Argante, lassen Sie sich durch solche Kleinigkeiten nicht beirren. Ich bitte Sie, strengen Sie keinen Prozeß an. Zahlen Sie alles, nur um den Klauen der Justiz zu entgehen.

gante. Gut denn, ich gebe noch dreißig Pistolen zu.

apin. Ich brauche noch, sagt er, ein Maultier für …

gante. Er soll zum Kuckuck gehen mit seinem Maultier! Das ist zuviel! Ich klage beim Gericht.

Scapin. Ich bitte Sie, bester Herr!

Argante. Nein, ich tu nichts mehr für den Mann.

Scapin. Lieber Herr Argante, ein kleines Maultier!

Argante. Ich gönne ihm auch nicht einen Esel!

Scapin. Bedenken Sie ...

Argante. Nein, ich bin mehr für eine gerichtliche Klage.

Scapin. Ach, Herr, was reden Sie bloß, und was wollen Sie unternehmen? Werfen Sie doch einen Blick auf die Praktiken der Justiz! Denken Sie an die vielen Termine und Vertagungen, an die vielen langweiligen Verhandlungen, an die gierigen Raubtiere, zwischen deren Krallen Sie durchmüssen: Gerichtsdiener, Prokuratoren, Advokaten, Kanzlisten, Substituten, Proto-
kollführer, Richter und ihre Schreiber. Es gibt unte
all diesen Leuten nicht einen einzigen, der nicht zu
mindesten imstande wäre, dem besten Recht der Wel
einen Fußtritt zu versetzen. Der Gerichtsdiener bring
Ihnen eine falsche Vorladung, und Sie werden ver
urteilt, ohne es zu wissen. Ihr Prokurator verständig
sich mit der Gegenpartei und verkauft Sie für ein pa
blanke Batzen. Ihr Advokat, ebenfalls bestochen, i
nicht zugegen, wenn Ihre Sache verhandelt wird, od
schwatzt nur dummes Zeug, das nicht zur Sache g
hört. Der Sekretär fertigt die Sentenzen und Arres
gegen Sie per contumaciam aus. Der Protokollführ
des Untersuchungsrichters unterschlägt einige T
sachen, oder der Untersuchungsrichter selbst sagt ni
alles, was er gesehen hat. Und wenn Sie unter größ
Anstrengungen doch über all das hinweggekomm
sind, erleben Sie zu Ihrer Verwunderung, daß die H
ren Richter gegen Sie voreingenommen sind – du
die Einflüsterungen ihrer Kreaturen oder ihrer M
tressen. Nein, Herr Argante, wenn es möglich ist, m
den Sie diese Hölle. Einen Prozeß führen heißt

dammt sein, und der bloße Gedanke daran könnte mich veranlassen, bis nach Indien zu fliehen.

Argante. Was soll das Maultier kosten?

Scapin. Für das Maultier, die Pferde für Herrn und Diener, Zaumzeug und Waffen und die Kleinigkeit, die er noch seiner Wirtin schuldet, verlangt er insgesamt zweihundert Pistolen.

Argante. Zweihundert Pistolen!

Scapin. Ja.

Argante *(geht zornig auf und ab).* Ich gehe zum Gericht.

Scapin. Bedenken Sie ...

Argante. Ich prozessiere.

Scapin. Stürzen Sie sich nicht leichtfertig ...

Argante. Ich will prozessieren.

Scapin. Aber ein Prozeß kostet Geld. Sie brauchen es für die Untersuchung, brauchen es für die Kontrolle, brauchen es für den Prokurator, für Vorladungen, Zeugenaussagen, Tagegelder, für die Besprechungen mit den Advokaten und ihre Plädoyers, für das Recht, die Akten einzusehen, für die schriftlichen Ausführungen. Sie brauchen Geld für den Bericht des Protokollführers, für die Ehrengabe an die Richter, für die Registratur, für die Ausfertigung des Urteils und der Strafmandate, für die Bemühungen der Schreiber – gar nicht erst zu reden von den Geschenken, die Sie machen müssen. Geben Sie das ganze Geld jenem Manne, und Sie sind alle Sorgen los.

rgante. Wie? Zweihundert Pistolen?

apin. Ja. Sie gewinnen dadurch nur. Ich habe mir ine kleine Aufstellung aller Prozeßkosten gemacht, nit dem Ergebnis, daß Sie, wenn Sie jenem Mann weihundert Pistolen bezahlen, mindestens einhundertünfzig sparen, ganz abgesehen von allen Sorgen, lackereien und Ärgernissen, denen Sie dadurch entehen. Um auch nur die Dummheiten nicht hören zu müssen, die so ein gemeiner Advokat vor der ganzen Welt auskramt, würde ich lieber dreihundert Pistolen bezahlen als prozessieren.

Argante. Darauf pfeif ich. Außerdem verbiete ich dem Advokaten, von mir zu sprechen.

Scapin. Machen Sie, was Sie wollen. Ich an Ihrer Stelle würde aber auf einen Prozeß verzichten.

Argante. Ich zahle die zweihundert Pistolen nicht.

Scapin. Da kommt der Mann, um den es sich handelt.

SIEBENTER AUFTRITT

Die Vorigen. Sylvester als Soldat.

Sylvester. Scapin, führ Er mich zu dem Argante dem Vater des Octave!

Scapin. Weshalb, mein Herr?

Sylvester. Ich habe gehört, er will einen Proze gegen mich anstrengen und die Ehe meiner Schweste durchs Gericht lösen lassen.

Scapin. Ich weiß nicht, ob er diese Absicht hat; e will aber in keinem Falle die von Ihnen geforderte zweihundert Pistolen zahlen. Er sagt, das wäre zuvi

Sylvester. Mord und Tod! Hölle und Teufel! Fir ich den Kerl, so mach ich Hackfleisch aus ihm!

(Argante verkriecht sich ängstlich hinter Scapin.)

Scapin. Mein Herr, Octaves Vater ist ein tapfer Mann. Vielleicht hat er gar keine Angst vor Ihnen.

Sylvester. Der? Der? Kreuzhimmeldonnerwett Wär er hier, wollt' ich ihm sofort den Degen in d Wanst stoßen. *(Er sieht Argante.)* Was ist das fü Kerl?

Scapin. Das ist er nicht, Herr, ganz gewiß nicht.

Sylvester. Vielleicht aber einer von seinen Fre den?

Scapin. Nein, Herr, im Gegenteil, sein ärgster Fe

Sylvester. Sein ärgster Feind?

Scapin. Ja.

Sylvester. Holla! Das ist ja ausgezeichnet. *(Zu Argante.)* Sie sind ein Feind von diesem Lumpenhund Argante?

Scapin. Ja, ja, ich verbürge mich dafür.

Sylvester *(packt Argante derb bei der Hand).* Schlagen Sie ein, schlagen Sie ein! Ich gebe Ihnen mein Wort, ich schwöre bei meiner Ehre, beim Degen an meiner Hüfte, bei allem, wobei man schwören kann, noch vor Abend befreie ich Sie von diesem Erzhalunken, diesem Teufelsbraten Argante. Verlassen Sie sich auf mich.

Scapin. Mein Herr, Gewalttaten sind hierzulande nicht gestattet.

Sylvester. Ich spuck darauf! Ich habe nichts zu verlieren.

Scapin. Er wird sich zu schützen wissen. Er hat Verwandte, Freunde und Dienstboten, die ihm gegen Ihre Wut beistehen werden.

Sylvester. Das will ich ja grade, zum Donnerwetter, das will ich ja! *(Zieht den Degen.)* Kreuzsackerment! Soll er mir nur gleich kommen mit all seinen Hilfstruppen! Soll er mir mit dreißig Mann entgegentreten! Soll er sich mir nur stellen mit blanker Waffe! *(Sich in Positur stellend.)* Wie? Was? Ihr freche Bande wollt mich angreifen? Vorwärts, Kreuzhimmeldonnerwetter, schlag zu! *(Fuchtelt mit dem Degen nach allen Seiten.)* Pardon wird nicht gegeben! Stoß zu! Feste drauf! Schlag auf Schlag! Fest auf den Füßen, klarer Blick! Holla, ihr Luder! Hallo, ihr Kanaillen! Ihr wollt von der Seite ran? Ihr sollt eure Portion schon abkriegen! Haltet aus, Schurken, haltet aus! Vorwärts! Den Stiebel da! Und nun den andern! *(Dreht sich nach Scapin und Argante um.)* Und jetzt hier! Und da! Hallo, ihr lauft ja davon! Halt, sag ich! Stehngeblieben!

Scapin. Ach, Herr, wir sind es ja gar nicht.

Sylvester. Ich will euch lehren, mich zum Narren haben! *(Ab.)*

ACHTER AUFTRITT

Argante. Scapin.

Scapin. Da sehen Sie, wieviel Menschen wegen zweihundert Pistolen ums Leben kommen können. Ich wünsche Ihnen guten Erfolg.

Argante *(am ganzen Leibe zitternd)*. Scapin!

Scapin. Bitte?

Argante. Ich habe mich entschlossen, die zweihundert Pistolen herzugeben.

Scapin. Das freut mich um Ihretwillen ungemein.

Argante. Suchen wir den Mann auf. Ich habe das Geld bei mir.

Scapin. Geben Sie es nur mir. Es verträgt sich nicht mit Ihrer Ehre, sich dort zu zeigen, nachdem Sie sich hier für einen andern ausgegeben haben. Außerdem fürchte ich, er kommt, wenn er Sie kennenlernt, au den Gedanken, noch mehr von Ihnen zu verlangen.

Argante. Gewiß. Aber es wäre mir lieb, zu sehen wohin mein Geld kommt.

Scapin. Mißtrauen Sie mir etwa?

Argante. Nein, nein, aber ...

Scapin. Zum Donnerwetter, Herr Argante! Entwed ich bin ein Schelm oder ein anständiger Mensch. I kann nur eines von beiden sein. Will ich Sie etwa b schwindeln? Habe ich an der ganzen Sache ein ande Interesse als nur das Ihrige und das meines Herrn, r dem Sie sich verschwägern wollen? Wenn Sie mir ni vertrauen, laß ich die Finger davon, und Sie kön sich sofort jemand anders suchen, der Ihre Geschä betreibt.

Argante *(zieht eine Börse aus der Tasche)*. Da, nin

Scapin. Nein, Herr, vertrauen Sie mir Ihr Geld nicht an. Es ist mir lieber, Sie bedienen sich dazu eines andern.

Argante. Mein Gott! So nimm's doch.

Scapin. Nein, sag ich, verlassen Sie sich nicht auf mich. Wer weiß, ob ich Ihnen Ihr Geld nicht stehlen will?

Argante. Nimm es, sag ich dir. Mach mir nicht noch mehr Scherereien. Aber sieh zu, daß du genügend Sicherheiten von ihm bekommst.

Scapin. Das lassen Sie meine Sorge sein. Er hat's mit keinem Dummkopf zu tun. *(Er nimmt das Geld entgegen.)*

Argante. Ich erwarte dich bei mir zu Hause.

Scapin. Ich werde nicht ermangeln zu erscheinen. *(Argante ab.)* Das wäre der eine. Nun muß ich noch den andern vornehmen. Ah, da kommt er ja! Es ist, als triebe der Himmel selbst einen nach dem andern in meine Schlinge!

NEUNTER AUFTRITT

Scapin. Geronte.

capin *(tut, als sähe er Geronte nicht)*. O Himmel! Welch unverhofftes Mißgeschick! Der arme Vater! Unglücklicher Geronte, was wirst du tun?

eronte *(für sich)*. Was sagt er da von mir mit so betrübter Miene?

capin *(wie oben)*. Kann mir niemand sagen, wo ich Herrn Geronte finde?

eronte. Was gibt's denn, Scapin?

apin *(rennt hin und her, ohne ihn zu beachten)*. Wo kann ich ihn finden, um ihm das Schreckliche mitzuteilen?

ronte *(tritt ihm in den Weg)*. Ja, was ist denn los?

apin *(wie oben)*. Vergebens laufe ich überall herm auf der Suche nach ihm.

Geronte. Da bin ich ja.

Scapin. Er muß sich in irgendeinen Winkel verkrochen haben, wo ihn niemand aufspüren kann.

Geronte *(hält ihn an).* Holla! Bist du blind, daß du mich nicht siehst?

Scapin. Ach, gnädiger Herr, ich konnte Sie nirgends finden.

Geronte. Eine geschlagene Stunde schon stehe ich vor dir. Was ist denn geschehen?

Scapin. Gnädiger Herr ...

Geronte. Ja?

Scapin. Ihr Herr Sohn ...

Geronte. Ja, mein Sohn ...

Scapin. Ihm ist das gräßlichste Unglück geschehen, das man sich denken kann.

Geronte. Was denn?

Scapin. Ich fand ihn tiefbetrübt über irgend etwas, was Sie ihm gesagt hatten und wo Sie höchst unwill-kommenerweise mich hineingezogen hatten. Um un ein wenig über den Kummer zu trösten, gingen wir in Hafen spazieren. Dort fiel uns unter anderm eine seh schön ausgestattete türkische Galeere auf. Ein junge Türke mit freundlichem Gesicht lud uns ein, näher z treten, und reichte uns die Hand. Wir bestiegen da Schiff. Er war ungemein liebenswürdig, setzte uns ei Frühstück vor, und wir aßen ganz herrliches Obst un tranken einen Wein, der uns der schönste von der ga zen Welt dünkte.

Geronte. Was ist denn daran so traurig?

Scapin. Warten Sie, Herr, es kommt jetzt. Währe wir speisten, hieß er die Galeere in See stechen, u als er weit genug vom Hafen war, ließ er mich in e Boot setzen und schickt mich zu Ihnen, damit ich Ihn sage, falls Sie ihm durch mich nicht sofort fünfh dert Taler Lösegeld schicken, werde er Ihren Sohn n Algier entführen.

eronte. Was Teufel – fünfhundert Taler!

apin. Ja, Herr, und er gibt mir zudem nur zwei Stunden Frist.

eronte. Der verdammte Türke! Er bringt mich um!

apin. Es liegt nun an Ihnen, Herr, ob Sie sofort dafür sorgen, daß Ihr Sohn, den Sie so zärtlich lieben, den Fesseln der Sklaverei entrinnt.

eronte. Was zum Teufel hatte er auf dieser Galeere zu suchen?

apin. Er hatte nicht geahnt, daß es so kommen könnte.

eronte. Geh, Scapin, geh, sag diesem Türken sofort, ich würde ihm die Justiz auf den Hals hetzen.

apin. Die Justiz aufs offene Meer hinaus? Sie scherzen wohl?

eronte. Was zum Teufel hatte er auf dieser Galeere zu suchen?

apin. Ein böses Schicksal lenkt mitunter das menschliche Leben.

eronte. Scapin, bewähre dich jetzt als treuer Diener!

apin. Wie das, Herr?

eronte. Geh, sag diesem Türken, er solle mir meinen Sohn zurückgeben, und bleib du an seiner Statt da, bis ich die geforderte Summe beisammen habe.

apin. Ach, Herr, was denken Sie sich eigentlich, wenn Sie so reden? Bilden Sie sich ein, dieser Türke hätte so wenig Verstand, daß er einen armen Kerl wie mich an Stelle Ihres Sohnes annehmen könnte?

eronte. Was zum Teufel hatte er auf dieser Galeere zu suchen?

apin. Er hat ein solches Unglück nicht voraussehen können. Bedenken Sie, Herr, wir haben nur zwei Stunden Zeit.

eronte. Du sagst, er verlangt …

apin. Fünfhundert Taler.

G e r o n t e. Fünfhundert Taler! Hat er denn gar kein Gewissen?

S c a p i n. Ein Türke – Gewissen!

G e r o n t e. Weiß er denn, was fünfhundert Taler sind?

S c a p i n. Ja, Herr, er weiß, daß das eintausendfünfhundert Livres ausmacht.

G e r o n t e. Meint der Halunke denn, eintausendfünfhundert Livres ließen sich auf der Straße auflesen?

S c a p i n. Diese Leute hören auf keine Vernunftgründe.

G e r o n t e. Was zum Teufel hatte er auf dieser Galeere zu suchen?

S c a p i n. Ganz richtig. Aber, mein Gott, man kann nicht alles vorher wissen. Ich bitte Sie, Herr, beeilen Sie sich.

G e r o n t e. Da, nimm den Schlüssel von meinem Schrank.

S c a p i n. Ja.

G e r o n t e. Du machst den Schrank auf.

S c a p i n. Ja.

G e r o n t e. Du findest drin links einen großen Schlüssel. Es ist der von der Bodenkammer.

S c a p i n. Ja.

G e r o n t e. Du nimmst all das Zeug, das da oben in der großen Truhe liegt, und verkaufst es den Trödlern, um das Lösegeld für meinen Sohn zu beschaffen.

S c a p i n *(gibt ihm den Schlüssel zurück).* Aber, gnädiger Herr, Sie träumen wohl? Ich kriege keine hundert Franken für den ganzen Plunder. Zudem wissen Si ja, wie wenig Zeit wir haben.

G e r o n t e. Was zum Teufel hatte er auf dieser Galeer zu suchen?

S c a p i n. Wieviel unnützes Gerede! Lassen Sie die Ga leere und bedenken Sie, daß die Zeit drängt und da Sie Gefahr laufen, Ihren Sohn zu verlieren. Ach, me armer junger Herr! Vielleicht sehe ich dich nie i Leben wieder, und während ich hier spreche, schlep man dich schon als Sklaven nach Algier. Aber der Himmel ist mein Zeuge, daß ich alles für dich getan habe, was ich tun konnte, und wenn du nicht ausgelöst wirst, so ist nichts daran schuld als die mangelnde Liebe eines Vaters.

Geronte. Warte, Scapin, ich will das Geld hergeben.

Scapin. Beeilen Sie sich, Herr; ich zittere davor, daß die Stunde schon gleich schlägt.

Geronte. Sagtest du nicht – vierhundert Taler?

Scapin. Nein, fünfhundert.

Geronte. Fünfhundert Taler!

Scapin. Ja.

Geronte. Was zum Teufel hatte er auf dieser Galeere zu suchen?

Scapin. Sie haben recht, aber beeilen Sie sich.

Geronte. Konnte er nicht anderswo spazierengehen?

Scapin. Natürlich. Aber verlieren Sie keine Zeit.

Geronte. Diese verdammte Galeere!

Scapin *(für sich)*. Diese Galeere greift ihm ans Herz.

Geronte. Ach, Scapin, ich hatte ganz vergessen, daß ich grade heute diesen Betrag in Gold von einem Schuldner ausbezahlt erhielt. Ich dachte freilich nicht, daß ich ihn so schnell wieder weggeben würde. *(Zieht eine Börse aus der Tasche und hält sie Scapin hin.)* Da! und nun geh und befreie meinen Sohn.

Scapin *(die Hand hinhaltend)*. Ja, Herr.

Geronte *(ohne die Börse loszulassen)*. Sag aber dem Türken, daß er ein Verbrecher ist.

Scapin *(immer die Hand hinhaltend)*. Ja.

Geronte *(wie oben)*. Ein infamer Kerl.

Scapin *(wie oben)*. Ja.

Geronte *(wie oben)*. Ein Mensch ohne Gewissen, ein Räuber.

Scapin. Lassen Sie mich nur machen.

Geronte *(wie oben)*. Der mir wider alles Recht fünfhundert Taler abnimmt.

Scapin. Ja.

Geronte *(wie oben).* Daß sie ihm übel bekommen mögen.

Scapin. Gewiß.

Geronte *(wie oben).* Und daß ich, wenn ich ihn erwische, mich rächen werde.

Scapin. Ja.

Geronte *(steckt die Börse ein und will abgehen).* Geh nur, geh, bring mir meinen Sohn bald zurück.

Scapin *(läuft ihm nach).* Holla! Gnädiger Herr!

Geronte. Was denn noch?

Scapin. Wo ist denn das Geld?

Geronte. Hab ich es dir nicht gegeben?

Scapin. Nein, gewiß nicht, Sie haben es wieder eingesteckt.

Geronte. Ach, der Kummer hat meinen Geist ganz verwirrt.

Scapin. Das merk ich.

Geronte *(gibt ihm die Börse).* Was zum Teufel hatte er auf dieser Galeere zu suchen? Ah, verfluchte Galeere! Verdammter Türkenhund! Daß euch alle Teufel ... *(Ab.)*

Scapin *(allein).* Er kann die fünfhundert Taler, die ich ihm abknöpfe, nicht verdauen. Aber wir sind noch nicht quitt. Er wird mir noch in anderer Münze dafür bezahlen müssen, daß er mich bei seinem Sohn angeschwärzt hat.

ZEHNTER AUFTRITT

Scapin. Octave. Leander.

Octave. Nun, Scapin, hast du etwas für mich erreicht?

Leander. Hast du etwas getan, um meiner Liebe aus der Not zu helfen?

Scapin *(zu Octave).* Hier sind zweihundert Pistolen, die ich von Ihrem Vater bekommen habe.

Octave. Oh, du machst mich glücklich.

Scapin *(zu Leander).* Für Sie habe ich nichts tun können.

Leander *(will gehen).* So muß ich sterben ... Ich kann nicht länger leben, wenn Zerbinette mir genommen wird.

Scapin. Heda! Holla! Nur sachte! Was Teufel rennen Sie denn gleich so los?

Leander *(sich umwendend).* Was, meinst du, soll denn mit mir werden?

Scapin. Kommen Sie nur, ich habe alles in meiner Hand.

Leander. Ah, du schenkst mir wieder das Leben!

Scapin. Aber nur unter der Bedingung, daß Sie mir gestatten, mich ein wenig an Ihrem Vater zu rächen für den Streich, den er mir gespielt hat.

Leander. Alles, was du willst.

Scapin. Sie versprechen mir das hier, vor diesem Zeugen?

Leander. Ja.

Scapin. Bitte – hier sind fünfhundert Taler.

Leander. So gehen wir schnell und erlösen meine Angebetete!

DRITTER AUFZUG

ERSTER AUFTRITT

Zerbinette. Hyacinte. Scapin. Sylvester.

Sylvester. Ja, Ihre Kavaliere haben ausgemacht, daß Sie beide zusammen sein sollen, und wir erfüllen den uns erteilten Befehl.

Hyacinte *(zu Zerbinette).* Ein solcher Befehl kann mir nur sehr angenehm sein. Ich freue mich, so gute Gesellschaft zu finden. Und es ist mir durchaus recht, wenn die Freundschaft zwischen den Männern, die wir liebhaben, sich auch auf uns erstreckt.

Zerbinette. Ich nehme den Vorschlag an. Ich gehöre nicht zu den Leuten, die zurückweichen, wenn man sie mit Freundschaft angreift.

Scapin. Und wenn man Sie mit Liebe angreift?

Zerbinette. Liebe – das ist was anderes. Da riskiert man mehr, und ich bin nicht die Mutigste.

Scapin. Das zeigt auch Ihr Verhalten meinem Herrn gegenüber. Aber was er jetzt für Sie getan hat, muß Ihnen doch den Mut geben, seine Liebe voll zu erwidern.

Zerbinette. Ich bin der Sache noch nicht ganz sicher. Was dein Herr getan hat, genügt noch nicht, mich zu beruhigen. Ich bin von heiterer Gemütsart und lache viel und gern. Aber, so gern ich auch lache, gewisse Dinge nehme ich sehr ernst. Dein Herr täuscht sich, wenn er glaubt, er brauche mich nur gekauft zu haben, damit ich ihm ganz gehöre. Da müßte er schon mit anderen Dingen als mit Geld zahlen. Soll ich seine Liebe so erwidern, wie er es wünscht, muß ich ein Pfand seiner Treue haben, bestätigt durch gewisse Zeremonien, wie man sie in solchen Fällen für notwendig ansieht.

Scapin. Gerade so denkt er auch. Was er von Ihnen verlangt, verlangt er mit den besten Absichten und in allen Ehren. Ich würde mich auch nie und nimmer mit dieser Sache befassen, wenn er anders dächte.

Zerbinette. Wenn du es sagst, will ich's glauben. Ich fürchte aber, sein Vater macht Schwierigkeiten.

Scapin. Wir finden schon Mittel und Wege, alles nach Wunsch zu regeln.

Hyacinte *(zu Zerbinette).* Die Ähnlichkeit Ihres u

meines Schicksals kann unsere Freundschaft nur festigen. Wir haben beide die gleichen Sorgen, sind beide gleich unglücklich.

Zerbinette. Sie haben wenigstens den Vorteil, daß Sie wissen, wer Ihre Eltern sind. Sie können ihnen alles beichten und sie dazu bringen, daß sie Ihrem Glück nicht im Wege stehen und die einmal geschlossene Ehe anerkennen. Ich aber finde keinerlei Halt in meiner gegenwärtigen Lage, und ich wüßte nicht, wie ich auf den Willen eines Vaters einwirken sollte, der nur auf Reichtum bedacht ist.

Hyacinte. Sie haben aber wenigstens den Vorteil, daß man Ihnen den Geliebten nicht durch eine andere Verbindung abspenstig macht.

Zerbinette. Daß ein Liebender anderen Sinnes werden könnte, hat man am wenigsten zu fürchten. Man kann sich Vorzüge genug zutrauen, durch die man ihn dauernd fesselt. Was ich für das Schlimmste in solchen Fällen halte, ist die väterliche Gewalt, der gegenüber kein Verdienst etwas gilt.

Hyacinte. Ach, warum muß eine ehrliche Neigung auf solchen Widerstand stoßen? Wie süß ist es zu lieben, wenn nichts die holden Ketten zu sprengen droht, die zwei Herzen aneinander binden.

Scapin. Sie scherzen. Zuviel Sicherheit in der Liebe ist eine peinliche Sache. Ein ungestörtes Glück wird uns bald überdrüssig. Im Leben muß es Höhen und Tiefen geben, und Schwierigkeiten, die sich uns entgegenstellen, steigern die Glut, erhöhen die Lust.

Zerbinette. Bitte, Scapin, erzähl uns die Geschichte, die, wie man uns gesagt hat, so lustig sein soll – wie du es fertiggebracht hast, von deinem alten Geizhals Geld zu bekommen. Du weißt, es ist der Mühe wert, mir eine Geschichte zu erzählen. Ich lohne sie dir gut mit der Freude, die sie mir macht.

Scapin. Hier steht Sylvester, der das ebensogut kann.

Ich plane jetzt einen kleinen Racheakt, der mir viel Spaß machen soll.

Sylvester. Warum willst du dich zum Spaß in eine böse Sache einlassen?

Scapin. Es macht mir Freude, Kühnes zu wagen.

Sylvester. Ich sagte dir, du würdest deine Absicht aufgeben, wenn du mir glauben wolltest.

Scapin. Sehr richtig, aber ich glaube mir selber mehr.

Sylvester. Zu was Teufel stürzest du dich in den Streich?

Scapin. Zu was Teufel machst du dir Sorge?

Sylvester. Weil ich sehe, daß du dich ohne Not in Gefahr begibst, eine tüchtige Tracht Prügel zu bekommen.

Scapin. Und wenn schon – es ist mein Rücken, der sie kriegt, und nicht deiner.

Sylvester. Allerdings. Du bist Herr über deinen Buckel und kannst über ihn nach Belieben verfügen.

Scapin. Solche Gefahren haben mich nie abgeschreckt. Ich hasse feige Seelen, die aus übermäßiger Furcht vor etwaigen schlimmen Folgen nichts zu unternehmen wagen.

Zerbinette *(zu Scapin)*. Wir werden deine Hilfe noch brauchen.

Scapin. Gehn Sie nur. Ich komme gleich nach. Es soll nicht heißen, man habe ungestraft mich in die Lage gebracht, mich selbst zu verraten und Geheimnisse aufzudecken, die nicht bekannt werden sollten.

(Alle ab außer Scapin.)

ZWEITER AUFTRITT

Scapin. Geronte.

Geronte. Nun, Scapin, wie steht's mit meinem Soh

Scapin. Ihr Sohn, Herr, ist in Sicherheit. Sie aber b finden sich zur Zeit in größter Gefahr, und wünschte nichts so sehr, als daß Sie jetzt in Ihrem Hause wären.

Geronte. Warum denn?

Scapin. Während ich hier mit Ihnen spreche, sucht man Sie überall, um Sie umzubringen.

Geronte. Mich?

Scapin. Ja.

Geronte. Wer denn?

Scapin. Der Bruder der Person, die Octave geheiratet hat. Wenn Sie so eifrig bemüht sind, die Ehe seiner Schwester rückgängig zu machen, so geschieht das, meint er, vor allem in der Absicht, Ihre Tochter auf den Platz seiner Schwester zu setzen. Und in dieser Meinung hat er fest beschlossen, seine Wut an Ihnen auszulassen und Sie zu töten, um seine Ehre zu retten. Alle seine Freunde, Kriegsleute wie er, suchen Sie überall und fragen nach Ihnen. Ich selbst habe bald hier, bald da Soldaten aus seiner Kompanie gesehen, die sich bei Straßenpassanten nach Ihnen erkundigen und alle Zugänge zu Ihrem Hause mit Wachposten besetzen. Sie können nicht mehr nach Hause kommen. Sie können keinen Schritt weder nach rechts noch nach links machen, ohne in ihre Hände zu fallen.

Geronte. Was soll ich nun machen, lieber Scapin?

Scapin. Ich weiß nicht, Herr, es ist eine dumme Geschichte. Ich zittere für Sie vom Scheitel bis zur Sohle und ... Warten Sie! *(Geht in den Hintergrund, tut, als schaue er nach, ob jemand kommt.)*

Geronte *(zitternd)*. Nun?

Scapin *(kommt zurück)*. Nein, nein, es war nichts.

Geronte. Weißt du kein Mittel, mir aus der Not zu helfen?

Scapin. Ich hätte wohl eins im Sinne, aber ich setze damit mein eigenes Leben aufs Spiel.

Geronte. Ach, Scapin, erweise dich als treuer Diener. Laß mich nicht im Stich.

Scapin. Das möchte ich wohl. Ich empfinde eine Zuneigung für Sie, die mir nicht erlaubt, Sie ohne Hilfe zu lassen.

Geronte. Du sollst reich belohnt werden, des kannst du sicher sein. Ich verspreche dir diesen Anzug, wenn ich ihn noch eine Zeitlang getragen habe.

Scapin. Warten Sie mal ... Ja, das wäre ein Weg zur Rettung. Sie müssen in diesen Sack kriechen, und wenn ...

Geronte *(glaubt jemand zu sehen).* Ach!

Scapin. Nein, nein, nein, es kommt niemand. Sie müssen, sag ich, hier hineinkriechen und sich ganz still verhalten. Ich nehme Sie als Gepäck auf den Rücken und schleppe Sie so mitten durch Ihre Feinde bis zu Ihrer Wohnung. Sind wir erst da, können wir uns verbarrikadieren und jemand um bewaffnete Hilfe gegen die Gewalt schicken.

Geronte. Der Gedanke ist gut.

Scapin. Der allerbeste. Sie werden das bald merken *(Für sich.)* Du wirst mir deinen Schwindel bezahlen müssen!

Geronte. Was sagst du?

Scapin. Ich sagte, Ihre Feinde würden tüchtig herei fallen. Kriechen Sie nur ganz tief hinein, und achte Sie vor allem darauf, daß man Sie nicht sieht. Rühre Sie sich nicht, was auch geschehen mag.

Geronte. Laß nur. Ich weiß, was ich zu tun hal *(Kriecht in den Sack.)*

Scapin. Jetzt ganz still! Da kommt so ein Ha abschneider, der Sie sucht! *(Mit verstellter Stimm* »Was? Ich soll nicht das Vergnügen haben, die Geronte abzutun? Keiner will mir sagen, wo er steck *(Leise zu Geronte.)* Rühren Sie sich nicht! *(Laut, verstellter Stimme.)* »Gotts Donner! Ich find ihn, sollt er sich unter die Erde verkrochen haben!« *(wechselnd mit verstellter und eigener Stimme.)* »H

Mann mit dem Sack!« – Mein Herr? – »Ich geb dir einen Louis, wenn du mir sagst, wo der Geronte sein könnte.« – Sie suchen Herrn Geronte? – »Ja, zum Teufel, den such ich!« – In welcher Angelegenheit, Herr? – »In welcher Angelegenheit?« – Ja. – »Ich will ihn totprügeln, Gotts Donner!« – Mein Herr, Leute wie Geronte werden nicht geprügelt. Er ist nicht der Mann, den man so behandelt. – »Was? Dieser Lump von Geronte, dieser Schurke, dieser Hundsfott?« – Herr Geronte ist weder ein Lump noch ein Schurke, noch ein Hundsfott. Ich bitte Sie, Herr, sich anderer Ausdrücke zu bedienen. – »Was? Du unterstehst dich, mich so von oben herab zu behandeln?« – Ich verteidige, wie es meine Pflicht ist, einen Ehrenmann, dem man Unrecht tut. – »Du bist wohl ein Freund von diesem Herrn Geronte?« – Ja, mein Herr, das bin ich. – »Ei, zum Teufel, du bist sein Freund! Das trifft sich ja gut!« *(Er schlägt mehrmals mit dem Stock auf den Sack.)* »Da hast du was für ihn!« *(Schreit, als ob er geschlagen würde.)* Au, au, Herr! Au, au, au! Genug! Au, au! Sachte! Au, au, au! – »Da, bring ihm das als Geschenk von mir. Adieu!« – Der Teufel hole den Gascogner. Au!

eronte *(aus dem Sack guckend)*. Ach, Scapin, ich kann nicht mehr!

apin. Ach, Herr Geronte, ich bin ganz kaputt. Mein Buckel tut mir entsetzlich weh.

eronte. Wie denn das? Er hat doch mich geschlagen.

apin. Aber nein, Herr, es war mein Rücken, der es abgekriegt hat.

ronte. Was redest du da? Ich habe die Schläge wohl gespürt und spüre sie immer noch.

apin. Nein, sag ich. Es war allenfalls das Ende seines Stocks, das Ihre Schultern erreichte.

ronte. Du hättest etwas mehr zur Seite treten solln, um mich zu schonen.

Scapin *(stößt ihn in den Sack zurück).* Achtung! Da kommt wieder einer, der wie ein Ausländer aussieht! *(Das Spiel von vorhin wiederholt sich.)* »Do renn ick nu öwerall rum un kann diesen Düwelskirl von Scherongt nirgends finden!« *(Zu Geronte.)* Verhalten Sie sich mäuschenstill! *(Laut.)* »Heda! Junger Mann! Weiß Er vielleicht, wo der Scherongt steckt, den ick suche?« – Nein, Herr, ich weiß nicht, wo Geronte ist. – »Sag Er's mir nur ganz offen. Ick hab nur 'n kleenet Anliegen an ihn. Ick will ihm man bloß 'n Dutzend mit min' Knüppel uffzählen un drei oder vier Stiche mit'n Degen in'n Wanst.« – Ich versichere Sie, Herr, ich weiß nicht, wo er ist. – »Ick gloobe, da krabbelt wat im Sack!« – Entschuldigen Sie, mein Herr ... – »Da stickt sicher wat in.« – Ganz und gar nicht, Herr. – »Ick will mal mit'n Degen rinspießen.« – Nehmen Sie sich in acht, Herr! – »Zeig Er mir doch mal, wat E da drin hat!« – Hände weg, Herr! – »Wat heißt dat - Hände weg?« – Sie haben nicht nachzusehen, was ic da schleppe. – »Aber ick will dat sehn, ick!« – Sie krie gen es nicht zu sehen. – »Mach Er keene Sperenzie Kirl!« – Das ist mein Gepäck, das mir gehört. – »Ze Er's mir, segg ick.« – Das tu ich nicht! – »Er tut nich?« – Nein. – »Dann so gibt's Keile.« – Da pfe ich drauf. – »Haha, Er will nich?« – *(Schlägt auf d Sack und schreit.)* Au, au, au! Ach, guter Herr! Auwe auweh, auweh! – »Atjüs! Nu hat Er 'n Denkzettel kregen for sine Utverschamtheit!« – Au, au! Die P über den Halunken!

Geronte *(den Kopf hervorstreckend).* Ich bin er digt.

Scapin. Ich bin tot.

Geronte. Was Teufel müssen sie immer meinen R ken treffen!

Scapin *(stößt ihn in den Sack zurück).* Vorsicht! kommt ein halb Dutzend Soldaten auf einmal!

spricht mit verschiedenen Stimmen.) »Vorwärts! Wir müssen den Geronte finden. Suchen wir ihn überall. Wir dürfen unsre Beine nicht schonen. Wir streifen durch die ganze Stadt. Kein Winkel wird übersehen. Überall wird nachgeschaut. Wir schließen ihn von allen Seiten ein. Wohin gehen wir zuerst? Erst mal dahin. Nein, dorthin. Links. Rechts. Nicht doch! So ist's recht.« *(Zu Geronte.)* Ganz still sein! – »Holla, Kameraden, da ist sein Diener! He, du Schurke, du sollst uns sagen, wo dein Herr ist!« – Ach, beste Herren, mißhandeln Sie mich nicht! – »Sag, wo er steckt! So sprich doch! Mach fix! Nehmt den Burschen mal vor! Beeil dich, Mensch! Los!« – Sachte, liebe Herren, sachte! *(Geronte steckt den Kopf aus dem Sack und sieht, daß Scapin allein ist.)* »Wenn du nicht sofort sagst, wo dein Herr zu finden ist, geht ein ganzer Platzregen von Prügeln auf dich nieder!« – Ich will lieber alles erleiden, als meinen Herrn verraten. – »Wir schlagen dich tot!« – Macht, was ihr wollt. – »Dich gelüstet wohl sehr nach Prügeln?« – Ich verrate meinen Herrn nun und nimmermehr. – »Ah! Du willst es drauf ankommen lassen? Da!« – O weh!

(ls er zuschlagen will, kommt Geronte aus dem Sack. Scapin läuft davon.)

eronte. Halunke! Verräter! Verbrecher! Du willst nich ermorden!

DRITTER AUFTRITT

Geronte. Zerbinette.

rbinette *(lachend, ohne Geronte zu sehen).* Haha! Ich muß ein bißchen Luft schnappen!

onte *(ohne sie zu sehen).* Du wirst es büßen, hurke, das schwör ich dir!

binette *(wie oben).* Hahaha! Ist mir das eine

lustige Geschichte! Wie sie dem Alten eine Nase gedreht haben!

Geronte. Die Geschichte ist gar nicht lustig, und Sie haben nicht darüber zu lachen.

Zerbinette. Wie? Was wollen Sie damit sagen, Herr?

Geronte. Ich will sagen, daß Sie sich nicht über mich lustig zu machen haben.

Zerbinette. Über Sie?

Geronte. Ja.

Zerbinette. Wieso? Wer denkt daran, sich über Sie lustig zu machen?

Geronte. Was kommen Sie hierher, mir ins Gesicht zu grinsen?

Zerbinette. Mit Ihnen hat das gar nichts zu tun. Ich lache ganz für mich allein über eine Geschichte, die sich eben ereignet hat, die amüsanteste, die man sich denken kann. Ich weiß nicht, ob es nur deshalb ist weil ich selbst daran beteiligt bin, aber ich habe noch nie etwas Komischeres erlebt als diesen Streich, de[n] ein Sohn seinem Vater gespielt hat, um von ihm Gel[d] zu ergattern.

Geronte. Ein Sohn dem Vater, um Geld von ihm z[u] ergattern?

Zerbinette. Ja. Wenn Sie darauf bestehen, bin i[ch] gern bereit, Ihnen die Geschichte zu erzählen. Ich ha[be] von Natur eine besondere Neigung dafür, nette G[e]schichten, die mir bekannt sind, andern Leuten zu [er]zählen.

Geronte. So bitte ich Sie um diese Geschichte.

Zerbinette. Zu dienen. Ich wage nicht viel, w[enn] ich sie Ihnen erzähle; es ist auch eine Sache, die n[icht] dazu angetan ist, lange geheim zu bleiben. Das Sch[ick]sal hat es gewollt, daß ich unter eine Bande jener L[eute] geriet, die man Zigeuner nennt und die, von Pro[vinz] zu Provinz herumziehend, sich mit Wahrsagen und manchmal auch mit andern Dingen beschäftigen. Als ich in diese Stadt gekommen war, sah mich ein junger Mann und verliebte sich in mich. Von dem Augenblick an hängte er sich an meine Schritte. Er verhielt sich wie alle jungen Leute, die sich einbilden, sie brauchten nur den Mund aufzutun, und das geringste Wort, das sie zu uns sagen, genügte schon, ihre Sache ins reine zu bringen. Allein hier stieß er auf einen Stolz, der ihn von seinen ursprünglichen Gedanken einigermaßen abkommen ließ. Er ließ die Leute, in deren Gewalt ich mich befand, von seiner Liebe wissen, und sie waren nicht abgeneigt, mich ihm gegen ein bestimmtes Lösegeld zu überlassen. Schlimm war nur, daß mein Verehrer sich in jener Lage befand, in der man die meisten Söhne aus guten Familien nur zu häufig sieht: er hatte nämlich nicht genug Geld. Sein Vater ist zwar sehr reich, aber ein ausgepichter Geizhals, der ekelhafteste Kerl von der ganzen Welt. Warten Sie mal ... Ich muß mich doch auf seinen Namen besinnen. Wie heißt er nur? Helfen Sie mir ein bißchen. Können Sie mir nicht jemand in dieser Stadt nennen, der für seinen schmutzigen Geiz bekannt ist?

eronte. Nein.

rbinette. Es ist ein Name auf ron oder ront ... Or ... Oronte ... Nein. Ge ... Geronte. Ja, ganz echt, Geronte. So heißt mein Geizkragen. Ich hab's – eronte heißt der Knicker, den ich meine. Aber um uf meine Geschichte zurückzukommen: die Zigeuner ollten heute die Stadt verlassen, und mein Anbeter ätte mich wegen Mangels an Geld verloren, wenn er icht, um es dem Vater zu entlocken, Hilfe bei seinem findungsreichen Diener gefunden hätte. Den Namen eses Dieners habe ich mir gut gemerkt. Er heißt Sca- n. Ein ganz unvergleichlicher Mensch. Er verdient es Lob, das man ihm nur spenden kann.

Geronte *(für sich).* O dieser Schuft!

Zerbinette. Und nun der Kniff, mit dem er den Alten hinters Licht geführt hat. Hahaha! Ich kann nicht daran denken, ohne herzlich zu lachen. Hahaha! Er sucht also jenen Geizhals auf ... Hahaha! ... Und sagt ihm, er sei mit seinem Sohn im Hafen spazierengegangen. Hihihi! ... Und da hätten sie eine türkische Galeere gesehen, und man hätte sie aufgefordert, mal hinaufzukommen. Ein junger Türke hätte ihnen ein Frühstück vorgesetzt ... hahaha! Und während sie aßen, wäre die Galeere ins Meer hinausgefahren, und der Türke hätte ihn allein in einem Boot an Land geschickt, mit dem Auftrag, dem Vater seines Herrn zu sagen, er würde seinen Sohn nach Algier entführen wenn er ihm nicht sofort fünfhundert Taler schickte Hahaha! Da war nun der alte Sünder in einer ver zweifelten Klemme; die Liebe zu seinem Sohne gerie in heftigen Widerstreit mit seinem Geiz. Fünfhunde Taler, die man von ihm haben will, sind geradez fünfhundert Dolchstöße, die man ihm versetzt. H haha! Er kann sich nicht entschließen, sich diese Sum vom Herzen zu reißen, und die Not, in der er sich b findet, läßt ihn hundert lächerliche Mittel ausdenk den Sohn zu befreien. Hahaha! Er will die Justiz hi ter der Galeere her aufs Meer hinausschicken. Haha Er redet dem Diener zu, sich an Stelle des Sohnes Türken auszuliefern, bis er das Geld zusammen ha das er nie zu zahlen gedenkt. Hahaha! Er bietet s der fünfhundert Taler vier oder fünf alte Anzüge die keine dreißig wert sind. Hahaha! Der Diener s ihm auf jegliche Weise die Unmöglichkeit seiner schläge klarzumachen, und jede Betrachtung begl der Alte mit den Worten: »Was zum Teufel hat auf dieser Galeere zu suchen? Ha, verfluchte Gal Verräterischer Türke!« Endlich, nach unzähligen reden, nach langem Seufzen und Stöhnen ... Abe scheint, Sie lachen gar nicht über meine Geschichte. Was sagen Sie denn dazu?

Geronte. Ich sage, daß der junge Mann ein Galgenstrick ist, ein Taugenichts, den sein Vater für dieses Bubenstück nach Gebühr bestrafen wird. Und die Zigeunerin ist eine leichtfertige, unverschämte Person, die einem Ehrenmann Injurien sagt. Aber er wird ihr schon zeigen, was es heißt, hierherkommen und Söhne aus angesehenen Familien verführen. Und der Diener ist ein Verbrecher, den Geronte noch heute an den Galgen bringt. *(Ab.)*

VIERTER AUFTRITT

Zerbinette. Sylvester. Dann Argante.

Sylvester. Wohin sind Sie denn entwischt? Wissen Sie, daß Sie soeben mit dem Vater Ihres Geliebten gesprochen haben?

Zerbinette. Ich möchte es jetzt fast glauben. Und ich habe ihm unüberlegterweise seine ganze Geschichte erzählt.

ylvester. Was? Seine Geschichte?

erbinette. Ja, ich war ganz voll davon, und ich brannte darauf, es jemand weiterzuerzählen. Doch was tut's? Um so schlimmer für ihn. Ich sehe nicht ein, was sich dadurch an unserer Lage bessern oder verschlimmern kann.

lvester. Sie sind eine ganz arge Plaudertasche. Man muß schon sehr schwatzhaft sein, wenn man über eine eigenen Angelegenheiten nicht schweigen kann.

rbinette. Hätte er es nicht von andern Leuten rfahren?

gante *(hinter der Szene).* Heda! Sylvester!

lvester *(zu Zerbinette).* Gehen Sie ins Haus. Mein Herr ruft mich.

(Zerbinette ab. Argante kommt.)

Argante. Ihr habt euch verschworen, ihr Halunken, ihr habt euch verschworen, Scapin, du und mein Sohn, mich zum Narren zu machen! Und ihr glaubt, ich ließe mich nasführen?

Sylvester. Bei Gott, gnädiger Herr, wenn Scapin Ihnen einen Streich spielt, so wasche ich mir die Hände. Ich versichere Sie, daß ich nichts damit zu tun habe.

Argante. Wir werden die Sache untersuchen, du Schuft, wir werden sie untersuchen. Ich lasse mir kein X für ein U machen.

FÜNFTER AUFTRITT

Sylvester. Argante. Geronte.

Geronte. Ah, Herr Argante, Sie sehen mich in heller Empörung.

Argante. Und Sie sehen mich ebenfalls in grimmige Wut.

Geronte. Dieser Schuft von Scapin hat mir durc einen Schelmenstreich fünfhundert Taler abgelockt.

Argante. Derselbe Scapin hat mir ebenfalls dur einen Schelmenstreich zweihundert Pistolen abgelock

Geronte. Er hat sich aber nicht damit begnügt, m die fünfhundert Taler zu rauben. Er hat mich auch einer Weise mißhandelt, daß ich mich schäme, dav zu reden. Aber er wird es büßen.

Argante. Er wird mir Rechenschaft geben müssen f den Streich, den er mir gespielt hat.

Geronte. Ich will ihn exemplarisch strafen.

Sylvester *(für sich)*. Gebe der Himmel, daß ich nicht mit hineinkomme.

Geronte. Das ist aber noch nicht alles, Herr Arga Ein Unglück kommt selten allein. Ich hatte mich freut, heute endlich meine Tochter, meinen einzi Trost, wiederzusehen, und nun höre ich von me

Leuten, daß sie Tarent schon vor langer Zeit verlassen hat und man annimmt, sie wäre mit dem Schiff, das sie hierherbringen sollte, untergegangen.

Argante. Warum ließen Sie sie in Tarent wohnen, statt sich die Freude zu gönnen, sie bei sich zu haben?

Geronte. Ich hatte meine Gründe dafür. Familieninteressen zwangen mich, diese zweite Ehe bis heute geheimzuhalten. Doch was sehe ich?

SECHSTER AUFTRITT

Die Vorigen. Nerine.

Geronte. Ah! Bist du es, Amme?

Nerine *(fällt vor ihm nieder).* Ach, Herr Pandolph, ich ...

Geronte. Nenne mich Geronte und gebrauche jenen andern Namen nicht mehr. Die Gründe, warum ich mich bei euch in Tarent so nennen mußte, bestehen nicht mehr.

erine. Ach, was hat diese Namensänderung uns Verlegenheiten und Schwierigkeiten bereitet, als wir Sie hier suchen mußten.

eronte. Wo ist meine Tochter und meine Frau?

erine. Ihre Tochter, gnädiger Herr, ist hier ganz in der Nähe. Aber ehe ich sie Ihnen zuführe, muß ich Sie um Vergebung bitten, daß ich sie habe heiraten lassen. Da wir Sie nicht finden konnten, wußte ich mir in unserer Verlassenheit keinen Rat.

ronte. Meine Tochter verheiratet?

rine. Ja, gnädiger Herr.

ronte. Und mit wem?

rine. Mit einem jungen Mann namens Octave, dem ohn eines gewissen Herrn Argante.

ronte. O Himmel!

gante. Welche Überraschung!

Geronte. Führe uns schnell zu ihr.
Nerine. Sie brauchen nur in dieses Haus zu kommen.
Geronte. Geh voran. Kommen Sie, Herr Argante.
(Alle ab außer Sylvester.)
Sylvester *(allein)*. Das ist ja eine ganz tolle Geschichte.

SIEBENTER AUFTRITT

Sylvester. Scapin.

Scapin. Nun, Sylvester, was machen unsere Leute?
Sylvester. Ich habe dir zwei Mitteilungen zu machen. Erstens: der Fall Octave ist erledigt. Unsere Hyacinte hat sich als die Tochter des Herrn Geronte entpuppt. Der Zufall hat erfüllt, was die Weisheit der Väter beschlossen hatte. Zweitens: die beiden Alten haben die fürchterlichsten Drohungen gegen dich ausgestoßen, besonders Herr Geronte.
Scapin. Das hat nichts zu bedeuten. Drohungen tu nicht weh. Das sind Wolken, die über den Kopf hinwegziehen.
Sylvester. Sei auf der Hut. Die Söhne können si leicht mit den Vätern einigen und dich im Stich lasse
Scapin. Laß mich nur machen. Ich finde schon e Mittel, ihren Zorn zu beschwichtigen, und ...
Sylvester. Zieh dich zurück. Sie kommen.
(Scapin ab.)

ACHTER AUFTRITT

Sylvester. Geronte. Argante. Hyacinte. Zerbinette Nerine. Dann Octave.

Geronte. Komm, mein Töchterlein, komm zu Meine Freude würde vollkommen sein, hätten auch deine Mutter noch hier.

Argante. Da kommt Octave grade zur rechten Zeit. *(Octave kommt.)* Komm, mein Sohn, komm und freue dich mit uns über deine glückliche Heirat. Der Himmel ...

Octave. Nein, Herr Vater, alle Ihre Heiratsvorschläge sind zwecklos. Ich muß jetzt die Maske vom Gesicht nehmen, da man Ihnen ja von meiner Verbindung schon gesprochen hat.

Argante. Ja, aber du weißt nicht ...

Octave. Ich weiß alles, was man wissen muß.

Argante. Ich habe dir mitzuteilen, daß die Tochter von Herrn Geronte ...

Octave. Herrn Gerontes Tochter geht mich gar nichts an.

Geronte. Sie ist ...

Octave. Es tut mir sehr leid, Herr Geronte, aber mein Entschluß steht fest.

Sylvester *(zu Octave)*. So hören Sie doch ...

Octave. Nein. Schweig still. Ich will nichts hören.

Argante *(zu Octave)*. Deine Frau ...

Octave. Nein, sag ich, Herr Vater. Eher sterb ich, als daß ich meine geliebte Hyacinte verlasse. *(Er geht auf Hyacinte zu.)* Jawohl! Sie haben alle gut reden. Hier steht sie, der mein Herz gehört. Ich werde sie mein ganzes Leben lang lieben, und ich will keine andere Frau.

Argante. Nun ja, du sollst sie doch auch haben. So ein Starrkopf, der immer recht haben muß!

Hyacinte *(zeigt auf Geronte)*. Ja, Octave, das ist mein Vater, den ich nun gefunden habe. Jetzt hat die Not für uns ein Ende.

Geronte. Kommt zu mir ins Haus, da können wir uns besser aussprechen.

Hyacinte *(zeigt auf Zerbinette)*. Lieber Vater, ich bitte Sie herzlich, mich nicht von diesem liebenswerten

Mädchen zu trennen. Sie hat Verdienste, die Sie schätzen werden, wenn Sie Näheres erfahren.

G e r o n t e. Du willst, ich soll eine Person aufnehmen, in die dein Bruder verliebt ist und die mir soviel dummes Zeug über mich selbst ins Gesicht gesagt hat!

Z e r b i n e t t e. Mein Herr, ich bitte Sie vielmals um Entschuldigung. Ich hätte nicht so geredet, wenn ich gewußt hätte, wen ich vor mir habe. Ich kannte Sie nur nach Ihrem Ruf.

G e r o n t e. Wie? Nach meinem Ruf?

H y a c i n t e. Vater, die Liebe meines Bruders zu ihr ist kein Verbrechen. Ich verbürge mich für ihre Tugend.

G e r o n t e. Das ist ja wunderschön! Vielleicht wünscht man, daß ich sie meinem Sohn zur Frau gebe? Eine fremde Dirne, eine Landstreicherin . . .

NEUNTER AUFTRITT

Die Vorigen. Leander.

L e a n d e r. Herr Vater, beklagen Sie sich nicht, daß ic eine Unbekannte von dunkler Herkunft und ohn Vermögen liebe. Die Leute, von denen ich sie losg kauft habe, haben mir entdeckt, daß sie aus dies Stadt und aus einer ehrenwerten Familie ist. Sie hab sie als vierjähriges Kind geraubt – und hier dies Armband haben sie mir gegeben, das uns behilfli sein könnte, die Verwandten aufzufinden.

A r g a n t e. Großer Gott! Nach diesem Armband m das meine Tochter sein, die ich in dem genannten Al verlor!

G e r o n t e. Ihre Tochter?

A r g a n t e. Ja, sie ist es. Ich entdecke in ihr Züge, mir volle Gewißheit geben. Mein liebes Kind . . .

H y a c i n t e. Himmel! Welch wunderbare Gesc nisse!

ZEHNTER AUFTRITT

Die Vorigen. Carle. Dann Scapin.

Carle. Ach, meine Herrschaften, ich habe Ihnen ein trauriges Ereignis zu melden.

Geronte. Was denn?

Carle. Der arme Scapin ...

Geronte. Ist ein Schuft, den ich hängen lasse.

Carle. Ach, bester Herr, Sie werden das nicht mehr nötig haben. Er ging an einem Neubau vorüber, und da fiel ihm ein Maurerhammer auf den Kopf, der hat ihm den ganzen Schädel zerschmettert, daß man das Gehirn sehn kann. Er stirbt, und er hat gebeten, ihn hierherzubringen, damit er vor seinem Ende noch mit Ihnen reden kann.

Argante. Wo ist er?

Carle. Da bringen sie ihn.

(Scapin, mit verbundenem Kopf, wird von zwei Männern auf einer Bahre hereingetragen.)

Scapin. Oh, oh, ach! Meine Herrschaften, Sie sehen mich ... ach! Sie sehen mich in einer traurigen Verfassung. Ach, ach! Ich wollte nicht sterben, ohne alle um Vergebung gebeten zu haben, die ich gekränkt haben könnte. Ach, ach! Ja, meine Herrschaften, ehe ich meinen letzten Seufzer tu, flehe ich Sie aus tiefstem Herzen an, mir alles zu vergeben, was ich verbrochen haben könnte – vor allem Herrn Argante und Herrn Geronte. Ach, ach!

Argante. Ich für meine Person verzeihe dir. Stirb in Frieden.

Scapin *(zu Geronte)*. Ihnen, Herr, hab ich am schlimmsten wehe getan mit den Prügeln, die ...

Geronte. Sprich nicht mehr davon. Auch ich vergebe dir.

Scapin. Es war eine bodenlose Frechheit von mir, die Prügel, die ...

Geronte. Lassen wir das.

Scapin. Ich empfinde sterbend tiefe Reue wegen der Prügel, die ...

Geronte. Mein Gott! So schweig doch endlich.

Scapin. Die unseligen Prügel, die ich Ihnen ...

Geronte. Schweig, sag ich dir! Es ist alles vergessen.

Scapin. Oh, welche Güte! Aber geschieht es auch aus vollem Herzen, Herr Geronte, wenn Sie mir die Prügel, die ...

Geronte. Ja doch. Reden wir nicht mehr davon. Ich vergebe dir alles und damit gut.

Scapin. O Herr, nach diesen Worten fühl ich mich neu gestärkt.

Geronte. Ja, aber ich vergebe dir nur für den Fall, daß du stirbst.

Scapin. Wie, gnädiger Herr?

Geronte. Ich nehme mein Wort zurück, wenn du gesund wirst.

Scapin. Ach, ach, nun fangen die Schmerzen wieder an.

Argante. Herr Geronte, im Hinblick auf unsere große Freude sollten Sie ihm bedingungslos vergeben.

Geronte. Gut denn. Ich verzeihe.

Argante. Gehen wir nun und speisen wir zusammen zu Abend, um unser Glück voll zu genießen.

Scapin. Und mich soll man am Ende der Tafel betten – in Erwartung meines Todes!